Savannah **Flores**

Dans l'engrenage du déni

novum ◢ pro

www.novumpublishing.fr

© 2023 novum publishing

ISBN 978-3-99131-416-5
Relecture: Kathleen Moreira
Photos de couverture: Mihalec,
Arrowsmith2 | Dreamstime.com
Création de couverture,
mise en page et paragraphe:
novum publishing

www.novumpublishing.fr

Climate neutral
Print product
ClimatePartner.com/16547-2201-1002

SOMMAIRE

À toutes les victimes d'inceste
et de viol qui n'ont pas pu parler
et à celles et ceux qui ont décidé de se battre.

PRÉFACE

Il en aura fallu du temps pour que les mentalités changent, pour que les gens se responsabilisent face aux problèmes et ne restent pas dans le déni. Le silence ne fait qu'empirer les ressentis d'anéantissement chez les victimes.

Dans nos sociétés, les enfants sont la base de tout. L'agression sexuelle sur un mineur n'est pas la problématique d'une victime, mais celle d'une société. C'est un acte effroyable et selon le regard et la réaction, l'état de la victime peut s'améliorer, ou au contraire, empirer. Le public, les médias et les institutions s'en rendent compte maintenant. Les victimes ont longtemps été laissées à leur effroi, le sujet était tabou, honteux et difficile à traiter. Il était temps que les mentalités évoluent pour essayer d'enrayer ces atrocités. Plus le problème est pris de bonne heure, plus le traumatisme peut être traité, ce qui laisse à la victime une chance de se reconstruire rapidement. Ce qui se passe pourtant dans le système scolaire, lorsqu'il est confronté à ce sujet, me donne froid dans le dos. Il parait que dans les écoles, il y a un cas d'enfant par classe qui subit des agressions sexuelles dans son entourage proche.

On peut prétendre que la société évolue ; des personnalités témoignent, des mouvements d'indignation émergent, des lois sont promulguées, mais je dis parfois que c'est un leurre. Dans la plupart des cas, les victimes et les agresseurs sont des anonymes et dans ces cas, on préfère rester dans le déni sans régler les problèmes, sans faire de vagues. On préserve la notoriété des établissements, des gens et les bonnes réputations.

Avant d'écrire ce livre, je n'avais jamais rien dit hormis aux services de soins. Moi aussi j'ai été victime de ce déni et de non-assistance alors que j'étais en grand danger. Moi aussi, j'ai été victime d'inceste. J'ai été victime de tout un système où des individus ont préféré se taire. Dans mon histoire, il y a eu d'abord la responsabilité d'un centre aéré qui a manqué à son devoir de surveillance. Il y a eu tous ces passants qui ont regardé sans broncher une petite fille se faire traîner de force par le bras jusque dans le coffre d'une voiture. Il y a eu cette caserne de pompiers à proximité du centre censée venir en aide et qui n'est jamais intervenue pour sauver ma vie. Il y a eu ces plaintes contre mon agresseur restées sans suite, car faisant partie du même clan de notables que tous les juges. Ces hommes, qui ont abusé de moi, n'avaient rien de particulier, aucun signe extérieur de monstruosité. Juste des types ordinaires ressemblant à tout le monde.

Il y a eu surtout ma famille qui n'a rien fait pour empêcher le pire ni pour le dénoncer.

Quand on est victime de viol à répétition, l'impact est direct sur le corps, sur l'esprit, sur le comportement et les relations avec les autres, sur les représentations, sur l'avenir. Mais aussi sur les rêves, l'amour, sur tout ce que l'on construit, même sur sa maison. Et sur l'âme.

L'histoire peut se répéter sur des générations.

C'est le cas dans ma famille ; les femmes ont été violées et les filles de ces femmes ont été violées. J'ai été violée.

C'est comme une marque au fer rouge indélébile. On attire des prédateurs et le schéma se répète encore et encore.

C'est l'effort de toute une vie que celui d'essayer de guérir de ce traumatisme.

Dans la littérature et les dictionnaires, la notion de famille vise des parents et des enfants qui ont l'air de devoir vivre dans la joie et dans la bienveillance. Cela n'empêche pas la famille de traverser des étapes, des épreuves, mais toujours en se serrant les coudes. Les parents suivent l'évolution de leurs enfants et les aident à trouver leur chemin de vie afin qu'ils puissent s'épanouir dans leur vie future. Les parents sont vigilants et protecteurs envers leur progéniture. La famille est présente dès que l'un d'entre eux a un problème. La famille, c'est le partage, les rigolades, les échanges autour d'un bon dîner. Avec la montée de l'individualisme dans nos sociétés, la famille reste primordiale et avant tout une sécurité. Dans la famille, tout le monde se sent en confiance pour parler de n'importe quel sujet. Pouvoir compter sur sa famille reste très important pour chacun de ses membres. Elle reste la source où on va puiser sa force en cas de difficultés. C'est aussi le respect entre celles et ceux qui la composent, entre les parents, les enfants et les autres qui peuvent avoir un lien de parenté ou non. Une famille n'est pas forcément génétique, elle peut regrouper des personnes par affinité. Les liens de famille sont, paraît-il, indestructibles.

Certains liens de famille sont destructeurs, dévastateurs et peuvent vous réduire à néant. Ça, c'est la vision que j'ai de ma famille.
Tout avait l'air pourtant de commencer presque normalement.

UN REPAS DE FAMILLE

Je me souviens d'un de ces nombreux repas de famille à la Colline où nous avions été conviés pour fêter les conscrits de mon grand-père. Mes grands-parents avaient invité ma famille, leur fille Florence qui était donc ma tante et Alain, son mari, Sophie, ma seconde tante, celle du milieu, et Paul, son mari. Comme à son habitude, la table était magnifiquement dressée dans la salle à manger. On avait sorti la vaisselle du dimanche. Dans chaque assiette, il y avait une serviette brodée avec des initiales. Des doubles couverts étaient placés de chaque côté de l'assiette et deux verres pour chaque adulte.

Ils commençaient toujours par l'apéritif. Mon grand-père était aux fourneaux. Il pouvait rester des heures à perfectionner ses recettes de cuisine. Ma sœur, Astrid, et moi trouvions les repas très longs car les adultes passaient leur temps à discuter de tout, mais surtout de rien. À cette occasion, ma mère exigeait que nous restions à table. J'étais assise à côté de ma sœur. De l'autre côté, il y avait Alain et Florence, Sophie et Paul. Mes grands-parents ne se séparaient jamais. Ils étaient toujours assis près de la cuisine, car ils faisaient des allers-retours pour surveiller le repas.

Nous commencions par une terrine de légumes absolument fameuse. La gelée mélangée à la crème tenait les légumes. Ensuite, nous dégustions du lapin à la moutarde avec des pâtes et des feuilletés de courgettes et d'aubergines. Mon grand-père aimait sortir les bouteilles de vin et les faire déguster. Ma grand-mère lui reprochait de servir toujours trop d'alcool. C'est vrai, c'était un joyeux luron et un bon vivant tandis que ma grand-mère se comportait en vraie commère tyrannique. Il se contentait de lever les yeux au ciel faisant mine de ne pas l'entendre. Tout le monde trouvait son repas excellent et le félicitait. Il sortait ensuite les fromages sur un plateau en céramique marron et au milieu, il y avait une tige dorée pour le soulever. Il y avait toujours un nombre hallucinant de fromages. Pour le dessert, on nous servait des œufs à la neige que ma grand-mère avait préparés. Elle excellait dans les desserts alors que mon grand-père préférait le salé. Tous les deux étaient complémentaires.

Pendant le repas, les adultes continuaient de parler de leur quotidien, de leur travail, des actualités. Sophie s'occupait de personnes handicapées et parlait des difficultés qu'elle rencontrait. Paul était dans les chiffres. Florence était maîtresse d'école. Alain fabriquait des bijoux. C'était sa passion, il était très créatif et méticuleux. Ma mère travaillait en ce temps chez un avocat et mon père à la SNCF. Mon père et mon grand-père étaient inséparables. Ma mère ronchonnait tout le temps. Après le dessert, mon grand-père sortait le digestif. Les hommes adoraient ce moment pendant que les femmes débarrassaient la table. Ma mère me demandait de l'aider. Comme il faisait beau, nous décidions de faire une partie de pétanque. Derrière la maison, il y avait un terrain plat. Nous rigolions à lancer le cochonnet et les boules. Certains d'entre nous n'aimaient pas perdre. Ensuite, ma mère voulait prendre quelques photos des conscrits de son père. Il était vêtu d'un costume noir avec un chapeau et le bandeau bleu associé à son âge. Je crois qu'il avait 60 ans. À chaque conscrit, on remettait un bouquet de mimosas. Ma mère me demanda à moi et à ma sœur de nous installer aux côtés de mon grand-père pour la photo. À peine quelques heures plus tard, ma grand-mère nous appelait car elle avait déjà installé le goûter.

Bref, chaque dimanche à la Colline, nous passions notre journée à manger, à discuter et à rire. Comme dans toutes les bonnes et vraies familles.

Pour ma part, c'est difficile de reconstituer mon histoire. Je suis obligée de tenir compte des flashs qui ressurgissent fréquemment dans ma tête. Je suis comme un détective qui mène sa propre enquête. Il y a de minces indices, des preuves disparues avec le temps, aucun témoignage que celui de la victime que je suis, un suspect mort, plus de traces de sang, pas d'ADN. Je deviens inspectrice, je n'ai que ces résurgences de ma mémoire sur lesquelles m'appuyer de toutes mes forces et cette connaissance de mon intimité, du plus profond de mon âme et de mon corps, pour me convaincre que toute cette histoire a existé et que je ne suis pas une menteuse, comme le disaient ma mère et ma famille. J'avance solitaire pour reconstituer les scènes du crime. Tout est en désordre, comme dans ma mémoire. Les pièces se mettent en place patiemment.

Je sais qu'ils savent. Je sais qu'ils sont complices. Non, je n'ai pas de preuves à charge mais à 10 ans, on sent certaines choses sans que personne ne nous explique. Et après, personne ne m'a jamais convaincue du contraire.

En réalité, ces repas de famille n'étaient qu'une grande mascarade.

UN PUTAIN DE REPAS DE FAMILLE

Nous sommes tous réunis à la Colline pour un nouveau putain de repas de cette famille maudite. Dans l'entrée, le carillon se fait entendre avec les gens qui arrivent. Mes grands-parents sont animés et adorent ce carillon ; il annonce l'arrivée des rires, des ventres, des verres de vins qui vont se remplir et se vider, des sucres et du gras qui fondent dans la bouche. Le carillon annonce le traditionnel repas de famille à la Colline. Il annonce pour moi le rituel macabre.

La terrine de légumes, le lapin, le fromage, les œufs à la neige sont sacrifiés tour à tour devant moi à coup de fourchettes argentées. Les conversations se fondent dans un brouhaha incessant. Le travail se mélange avec les pannes de voitures, les dernières notes des enfants, les factures d'eau qui ne cessent d'augmenter et les dernières actualités dans des pays que l'on ne connait même pas. Mes grands-parents me font tourner la tête avec leurs mille manières. Mes oreilles ne distinguent plus les voix. J'ai envie que tout le monde se taise. On rit pour un mot, on dit des mots pour rire, on s'esclaffe pour une goutte de vin tombée sur la nappe, on dénonce les petits agissements sournois des voisins, on me demande pourquoi je ne termine pas mon plat et on m'oblige à le finir parce que ça va faire de la peine à mes grands-parents. On me pose des questions sur l'école : « Et à l'école, tu écoutes bien tout ce que te dit la maîtresse, hein ? Tu fais bien tous tes devoirs ? T'es pas bien grosse pour ton âge. Elle n'est pas bien causante, la petite. Tiens reprends un peu de légumes, ça ne peut pas te faire de mal. C'est vrai, aucun légume n'a jamais fait de mal à personne. » C'est peut-être ce que je me dis dans ma tête en rêvant d'écrabouiller tous ces légumes colorés qui ne me veulent soi-disant que du bien.

« Et monte sur les genoux de « ton père nourricier » – c'est ainsi qu'on l'appelait – il va t'aider à manger. Sois gentille avec lui et finis ton assiette s'il te plait. »

À 10 ans, je suis une toute petite fille, plus menue, plus fragile que les fillettes de mon âge.

J'étais une petite fille très jolie et très coquette. J'aimais m'habiller avec des jupes et avec des hauts assortis. Tout le monde passait son temps à me complimenter. J'aimais porter des bijoux, c'était des imitations pour les enfants mais je m'imaginais qu'ils étaient vrais et précieux comme dans les livres. J'avais des bagues fines aux doigts avec des pierres étincelantes, des colliers à perles colorées. Je portais une chaine avec mon signe astrologique. Mes cheveux étaient détachés et frisaient un petit peu. Parfois, je les attachais en queue de cheval, ce qui me permettait de montrer les anneaux que je portais aux oreilles. J'avais demandé à me les faire percer.

J'affichais souvent un air souriant mais dans ma tête, je me sentais perdue et ailleurs. Je m'inventais alors des histoires fabuleuses qui me faisaient rêver. Cela me permettait d'échapper à ces terribles déjeuners de famille que je détestais profondément. Je me sentais tout le temps seule et triste et je n'en connaissais pas les causes. En public, je me recroquevillais sur moi car je craignais le monde extérieur. Chaque fois que des inconnus venaient me parler, je baissais le regard. Fréquemment, une peur inexplicable habitait mon corps. Mon corps était présent mais mon esprit s'évadait vers d'autres lieux plus doux et plus calmes où un sentiment de sécurité m'enveloppait. On me faisait des compliments mais je sentais mon intérieur sale. Personne ne cherchait à savoir qui j'étais et ce que je vivais dans mon monde.

C'est à partir d'une photo que je me décris. Tant de sentiments et de vérités se cachent derrière mon visage.

Dans les repas de famille à la Colline, je me retrouvais toujours assise sur ses genoux. Ces repas étaient ma hantise. Ils revenaient sans cesse, les dimanches se rapprochaient de plus en plus. Je perdais la notion de l'espace et du temps et avais ce sentiment de passer mon temps assise sur ses genoux pour manger.

Chaque dimanche à la Colline, ils passaient leur temps à manger. Je passais le mien à maudire les dimanches. Et, à mourir de terreur. Au moment où tout le monde vaquait à ses occupations dans la journée, lui en profitait pour me traîner dans le sous-sol. Personne ne remarquait mes disparitions. Le temps me semblait interminable. Quand je remontais, le festin continuait le plus normalement possible. Souvent, je voulais hurler ma douleur et leur demander quelle sorte d'adultes ils étaient pour ne pas me protéger de cet horrible personnage. Les dimanches à la Colline, c'était loin d'être un conte de fées. Même ma tante Florence, qui avait vécu les mêmes horreurs, se taisait. Florence ne venait pas très souvent à la Colline car elle ne supportait pas d'être assise à la même table que son agresseur. Elle participait très peu pendant ces repas. Les rares fois où elle se joignait à la famille, elle était souvent sous le coup d'alcool ou de drogues.

Je me sentais abandonnée et livrée à mon triste sort mais j'ignorais lequel.

Dans ce genre d'histoires, j'ai souvent entendu les personnes dire qu'elles ne comprennent pas pourquoi la victime n'a jamais pu parler ou hurler pour se défendre. Comment aurais-je pu me défendre ? Il était costaud et gigantesque pour une petite fille comme moi, il m'était impossible de lutter contre lui. Il me menaçait en me disant qu'au moindre cri, ce serait pire pour moi. Et je le croyais sur parole, il était capable du pire.

Les heures, puis les journées, puis les années ont passé et toujours la répétition du calvaire. Jusqu'à mes 11 ans, l'année où il est parti dans une maison de retraite. J'étais comme dans ce film, un jour sans fin, où le soir j'espérais que ce serait la dernière fois mais dès le lendemain, je savais que le même jour recommençait encore et encore.

Ma mémoire s'effaçait. Je devenais un automate sans parole. Les repas de famille continuaient toujours dans la même liesse, toujours dans l'inconsidération la plus totale de ma petite personne.

Je suis assise sur ses genoux. C'est là que l'on m'a placée. On m'installe sur ses genoux telle une offrande. Je suis comme le lapin sacrifié qui attend le premier coup de fourchette. J'ai cet instinct de l'animal traqué qui n'a pas d'autre issue. Je me fais plus petite encore. Je ne bouge plus. Je fais comme les oiseaux qui font les morts pour échapper aux griffes du chat. Je retiens ma respiration.

Je ne connais aucune prière et pourtant je prie de toutes mes forces pour qu'il m'oublie. Pour que ma chère famille ferme sa gueule et trouve enfin un mauvais goût à tout ce qu'elle engloutit et me redescende de ce putain de trône.

Sous la table, il glisse ses grosses mains tremblantes sous ma jupe. J'essaie de les repousser mais je n'ai pas assez de force. Il parvient à écarter l'élastique de ma culotte et me touche avec ses gros doigts dégueulasses. J'ai peur. Je suis dégoutée. J'ai tellement honte.

Tout le monde est là. Mangeant, bâfrant, buvant et rigolant. Personne ne le voit faire.

Personne ne me voit.

J'entends l'horloge. C'est le signal. Il m'emmène avec lui dans un coin au sous-sol et me force à mettre sa queue molle dans la bouche. Je rêve de la lui arracher avec mes dents.

Je suis invisible.

Muette. Et sans aucun pouvoir magique.

J'ai 10 ans.

Aujourd'hui, quand je rencontre une enfant, je crains toujours pour elle et je m'inquiète pour tant d'autres. J'ai peur qu'elle puisse subir les mêmes tortures, les mêmes humiliations, les mêmes silences. Il n'y a pourtant aucune raison mais c'est en moi. Je suis aux aguets pour les autres et pour moi. Je ressens alors cette immense peine et colère d'avoir subi toute cette injustice. Injustice et incompréhension, honte et silence sont les maîtres mots de ma vie.

J'ai décidé d'écrire un livre pour parler de mon histoire, pour montrer comme la vie peut être cruellement injuste mais que malgré tout cela, je m'en sors ou j'essaie.

Après le silence et l'oubli, après l'ivresse et la dérive, après la parole et les cris, je suis passée à l'écriture pour éclaircir mes idées, comprendre qui je suis et comment je fonctionne. Me faire entendre et me faire comprendre. Parce que tout tourne en boucle. J'écris au présent, je reviens dans le passé. J'écris sur le passé et je reviens dans le présent. J'écris pour laisser une trace de ce que j'ai vécu et pour reposer mon cerveau. Parfois dans ma tête, c'est Pearl Harbor. Tout éclate. J'écris parce que j'ai peur d'oublier alors qu'en réalité je n'oublie jamais. Je ne le peux pas.

Pour me protéger, je me suis verrouillée et je ne sais pas ce qu'est une émotion. Que l'on se garde de me dire que je m'apitoie sur mon passé. J'ai des faiblesses, des baisses de moral. Je ne parviens pas à me séparer de toute cette merde dans laquelle j'ai grandi. J'ai longtemps cru, et j'ai encore des doutes, que toute mon histoire était insurmontable. Mais je crois que je suis forte. J'avance. Pour une fois, je vais aller jusqu'au bout, je ne vais pas abandonner.

Je veux également expliquer à mes enfants, quand ils seront en âge de comprendre, pourquoi j'ai rayé tout un temps de ma vie ce qui était masculin, que je les aime plus que tout et que je me suis battue pour qu'ils se sentent aimés et protégés malgré toutes les difficultés que j'ai à comprendre ce mot amour. Puisque dès le départ j'ai été privée de tout ce qui est beau, il est très difficile de le transmettre à mes enfants.

On parle souvent en thérapie de la reproduction des évènements. Les évènements de ma vie ont souvent eu cette même tonalité ;

des relations dégradantes, violentes, instables, éphémères. Je donnerais n'importe quoi pour être une personne normale, pour que mes enfants aient une vie normale faite de hauts et de bas comme tout le monde sans vivre de choses extrêmes, qu'ils rencontrent l'amour comme on dit, fondent une famille et toutes ces petites choses qui donnent le sentiment d'une existence paisible.

MON ARBRE DÉ-GÉNÉALOGIQUE

Ma famille m'a détruite. C'est la nature de ce lien qui est indes- tructible. Rien ne changera. Certaines personnes sont en quête de savoir quels étaient leurs ancêtres, sont à la recherche du nom d'un arrière-grand-père, cherchent à retrouver ses traces dans un cimetière oublié croulant sous des tombes anonymes. Elles veulent même comprendre et faire des liens entre des histoires de vies anciennes et leurs propres vies. Elles sont curieuses des se- crets de leur famille qu'elles exhibent comme un trophée, preuve d'une existence trépidante et d'une réelle destinée.

Moi, j'ai un arbre dé-généalogique. Chaque branche de chaque ascendant devrait être scié. Les histoires du passé sont du sang séché qui continue de s'écouler comme une hémorragie au-dehors des plaies. Je n'ai pas eu de présent de petite fille et donc pas de souvenirs.

J'aurais préféré avoir des cadres vides dans mon arbre et les remplir de portraits dont j'aurais été fière. Même des portraits découpés dans des magazines auraient fait l'affaire. J'aurais feuil- leté l'album de famille en racontant à mes fils des mariages in- ventés, des enterrements, des anecdotes, des secrets de famille dont ils auraient été curieux mais dont ils n'auraient rien hérité.

Ces moments n'arrivent jamais. Faire semblant pour que mes en- fants aient le sentiment d'appartenir à une vraie famille n'a au- cun sens pour moi. Les secrets de ma famille sont aussi les miens. Je les ai vécus. Je les ai portés. J'en ai énormément souffert. Ça continue. Je n'ai hérité que de chimères. De rêves avortés. De mains incestueuses par procuration, pédophiles et tueuses. De bouches cousues ou menteuses. Et, des cicatrices. Je n'ai pas eu d'enfance, ni d'adolescence. À l'âge de 4 ans, j'ai été basculée dans le monde des adultes sans ménagement, dans l'incompréhension la plus totale. J'ai fini par me dire que dans une généalogie, il y a toujours quelqu'un qui prend plus de souffrance que les autres. Toutes les femmes de ma famille ont une histoire terrible.

Il y a ceux qui me disaient de me changer et d'aller me coucher. Ils venaient faire la prière comme d'habitude. Il fallait toujours prier et aller à la messe. Je n'ai jamais retenu aucune prière. Prier pour quoi ? Prier pour qui ? Pourquoi prier quand on n'est pas capable de différencier le bien du mal ? Quand on est capable de gagner de l'argent sur le corps de sa propre petite fille ! Quel dieu peut arranger cela ? Ma grand-mère est sourde et n'y voit plus rien. Mon grand-père est mort depuis longtemps.

Il y a celle qui ne m'aime pas, avec sa vision de la vie rétrécie, avec sa mémoire bancale. Ma manipulatrice de mère. Pas une seule parole de surprise, de colère ou même de tristesse n'est jamais sortie de sa bouche. Elle n'a été que silence. Et, mensonges. Ma punaise ambulante de mère est restée enfermée dans sa carapace inébranlable.

Il y a mon père, celui qui a toujours subi sa vie et sa faiblesse. Celui qui a été tellement absent que je n'ai pas grand-chose à en dire.

Il y a celle qui m'a vendue pour échapper à son enfer. Ma tante Florence, qui m'a lavée la première fois sur ordre de mon agresseur car il y avait du sang de partout. Peut-être qu'elle n'a pas eu le choix. Peut-être qu'elle ne s'est pas rendu compte. Peut-être qu'elle n'y voyait pas de mal puisqu'elle subissait la même chose. Ma tante Florence écrivait beaucoup et surtout des poèmes. Elle avait des cahiers entiers noircis de poèmes. Ils étaient son trésor, son jardin secret. Parfois, elle m'en lisait quelques-uns, je me souviens que je ne les comprenais pas vraiment. Elle faisait allusion à des choses et à des mondes imaginaires. C'était sa façon de s'échapper de son vrai monde. Elle lisait ses textes avec une voix triste et tellement mélancolique qu'elle mêlait parfois les mots aux sanglots. Moi, je gardais tout dans la tête, je ruminais, je ressassais, revenant toujours au même point de départ :

Pourquoi ? Parfois les flashs de mon enfance remontaient avec une incompréhension totale. Je ne parvenais pas à les expliquer.

Au fur et à mesure, les souvenirs remontent et ils sont si horribles que j'ai le sentiment d'être dans une autre dimension. Ça reste compliqué de trouver les mots justes pour raconter des souvenirs qui surgissent par brides.

En écrivant, mon cerveau se vide un peu.

L'art thérapie m'aide beaucoup. Lorsque j'écris et que j'entends mes mots à voix haute, je revis les scènes, c'est douloureux et encore à vif, mais chose curieuse, j'entends aussi une autre musique et je me dis que je transforme ce qui m'est arrivé en une autre matière. C'est comme un peu cette méthode japonaise, le Kintsugi. Des artisans réparent des vases ou des bols qui ont été brisés. Ils mettent une pâte qui ressemble à un fil d'or le long de chaque morceau et les recollent les uns avec les autres. Les objets redeviennent comme marbrés avec ces soudures dorées qui courent sur les parois et finalement leur donnent un aspect plus précieux.

Je me dis que ce livre, c'est le Kintsugi de mon histoire. Elle ne ressort pas plus belle mais l'objet livre lui donne une nouvelle aura. Il m'aide à raconter, à me réparer, à me sentir plus forte et plus légitime à vivre une vie. Ce n'est pas une seconde vie, c'est la même mais avec des stigmates qui la rendent plus singulière et, comme je le souhaiterais, presque belle.

J'écris aussi pour les autres, toutes et tous ces anonymes qui ont vécu l'inceste ou le viol, qui sont tombé(e)s, se sont brisé(e)s, ont été ou non recollé(e)s, comme ces céramiques japonaises. Rien ne s'efface. Cependant, on peut faire des actes et il faut les faire pour pouvoir repousser cette mémoire chaotique le plus tôt et le plus loin possible. Moi, j'ai perdu 20 ans de ma vie. Parfois, je regrette de ne pas avoir eu le courage nécessaire pour dénoncer tout ce qui s'était passé. J'aurais pu faire des choses fantastiques au lieu de passer ma vie chez les psys.

À 20 ans, j'aurais pu partir comme jeune fille au pair pour apprendre l'anglais et devenir bilingue. J'aurais pu devenir globe trotteuse et faire le tour du monde en une seule fois. J'aurais pu trouver ma terre d'exil et m'y installer. J'aurais pu me mettre à mon compte et développé mon entreprise. J'aurais pu être mieux reconnue dans le milieu professionnel. J'aurais pu être entourée de personnes de confiance qui m'apprécient. J'aurais pu me mettre en couple et avoir une vie familiale normale. J'aurais pu être heureuse dans ma tête. J'aurais pu ne rien avoir à me rappeler ni à oublier.

Mes grandes choses accomplies seraient des choses parfaitement banales. J'aurais pu.

Continuons cette visite guidée de ma famille.

Il y a mon beau-père, le nouveau mari de ma mère. Il est assez drôle car il parle lentement. Une fois, pour nous impressionner ma sœur et moi, il a voulu nous raconter une blague. Il a commencé à la raconter à l'entrée et l'a terminée au dessert. Il avait aussi parfois des gestes ou des regards mal placés uniquement destinés à Florence ou à moi.

Il y a ma sœur. Celle que mon père appelait Bou-boulette parce qu'elle était un peu ronde. Celle qui se prenait pour une princesse parce qu'on lui répétait sans cesse qu'elle était la plus belle, la plus forte, la plus parfaite de nous deux. L'enfant chérie, tandis que l'on me qualifiait de bécasse ou de feignasse.

Il y a celui qui me mettait dans le coffre de la voiture, qui m'en sortait par les cheveux et il y avait ses amis qui l'escortaient et passaient leur temps à rigoler du mal qu'ils me faisaient.

C'est celui par qui tout a commencé.

Il y a tous ceux qui savaient. Pas un pour rattraper l'autre.

Dans mon arbre dé-généalogique, il y a aussi les collatéraux. Ceux qui ne font pas partie de ma famille de sang mais qui viennent nourrir un sentiment d'appartenance ou plutôt de désappartenance au monde. Parce qu'ils sont marginaux, parce que j'entretiens ou ai entretenu un lien fort avec eux mais qui ne savent pas vraiment qui je suis, qui me voient faible et dépendante, qui ont réussi à me faire croire que j'étais un être sous influence. Ce sont toutes ces femmes, tous ces hommes qui n'en sont plus, tous ces corps que je croise et je partage. Ceux avec qui j'ai une relation très particulière. Ceux à qui je n'arrive toujours pas à dire non quand je n'en ai pas envie. Ceux qui ne savent rien de ma détermination ni de ma force et qui en sont surpris quand elle dévaste tout.

Ma mère a toujours été considérée comme une petite princesse que l'on ne touche pas. Elle avait deux sœurs. Sophie, qui avait un an et demi de moins qu'elle, et Florence, qui n'était mon aînée que de 9 ans. La mère de ma mère avait une relation très forte avec son mari et c'est ce qui comptait le plus. Je pense que la naissance de ses trois filles a été comme un ingrédient banal dans une recette ordinaire. Sans attente ni saveur. Mettre des enfants au monde ne crée pas systématiquement la fibre maternelle. J'ai toujours entendu des histoires sur ma mère, elle paraissait être une fille capricieuse à qui on cédait tout, comme une reine. J'ai toujours vu ma mère sur un piédestal inébranlable, une personne arriviste, calculatrice et machiavélique. Je pense que la vie avec mon père n'a pas été simple à cause de sa violence. Elle a demandé le divorce quand j'avais 12 ans. Il parait que mon grand-père est allé chercher mon père pour qu'il épouse ma mère. À l'époque, mon père n'était pas vraiment amoureux d'elle car il y avait une autre personne dans sa vie qu'il aimait. Il a fini par céder et épouser ma mère. Récemment, en cherchant mon acte de naissance, j'ai retrouvé mon livret de famille. J'ai découvert que mes parents se sont mariés seulement un an avant ma naissance. Moi aussi je suis sans doute un évènement non attendu mais survenu.

Ma mère ne m'aime pas. Je le sais. Je ressemble trop à mon père et ça elle me l'a bien répété après leur divorce : « tu fais comme ton père, tu agis comme ton père, tu ressembles à ton père. »

J'ai eu la certitude que ma mère ne m'aimait pas le jour où j'ai eu un accident de voiture, j'avais 22 ans. C'est la mère de mon copain de l'époque qui a pris soin de moi et pas ma mère. Je me rappelle un jour où en descendant les escaliers, elle m'a vu allongée sur le canapé avec ma minerve au cou et elle est partie travailler comme si de rien n'était. Sans un mot. Sans amour. Il est vrai que la famille de Santiago était exceptionnelle. C'était la deuxième fois que je côtoyais une famille dont les actes collaient à ma définition. Je m'y sentais tellement bien.

De mon père, je retiens quelques épisodes drôles. Il était comme ça, drôle malgré lui dans ses attitudes, dans ses réactions, dans sa façon de faire le ménage, de nous accompagner aux devoirs et même dans ses punitions. Par exemple, pour nous punir il avait l'habitude de nous faire copier des lignes. Un jour, il a changé de méthode de punition. Il nous a fait copier un paragraphe. Et moi ce jour-là, j'ai eu l'idée de sauter des lignes, d'oublier des mots comme ça la punition était plus courte. J'avais drôlement rigolé. Je savais qu'il ne relisait jamais ce que j'avais copié. J'étais fière de moi. C'est étrange de me souvenir que j'ai pu avoir des crises de fou rire malgré ce que je vivais.

De ma mère, je n'ai le souvenir que d'évènements tristes et douloureux. En fait, je n'ai même aucun souvenir d'elle avec moi.

Je ne sais pas pourquoi ma mère me déteste autant. Ma mère a un don, elle efface les souvenirs qui la dérangent. Plus j'avance dans mon histoire, plus je traque les preuves. Parfois ce ne sont que des impasses. Parfois des évidences s'imposent à moi. Je suis consciente qu'il ne s'agit peut-être que d'hypothèses, de théories mais souvent cela corrobore mes flashs. Je crois que j'ai besoin de croire à autre chose. Autre chose qui pourrait expliquer pourquoi ma mère ne m'aime pas. Et mes hypothèses ne sont ni rassurantes, ni justifiantes, elles me permettent peut-être de me détourner de moi, de mes tourments, de trouver la cause de toute cette souffrance, de trouver le pourquoi ou le début de ma digenèse.

Une théorie a traversé mon esprit ces derniers jours. Et si j'étais moi-même le fruit d'un viol ? Et si personne n'était au courant hormis ma mère ? Et si mon père n'était pas mon père biologique ?

Ma mère m'a dit qu'elle a été agressée à 16 ans lors d'un mariage. Elle ne m'en a pas dit plus. Il n'y avait aucune émotion dans voix, elle en parlait avec une banalité désopilante comme un fait normal dans la vie d'une femme, elle restait complètement extérieure à ce qu'elle disait.

Elle est comme toutes les femmes de la famille, au moins trois générations en arrière. Ma tante réagit exactement comme elle, pas le soupçon d'une sensibilité. Je crois qu'il faut du courage pour dénoncer et pour s'autoriser à ressentir et à dire la souffrance. Il est peut-être plus facile de faire semblant, de chercher la paix, de faire comme si rien n'était jamais arrivé. On ne s'expose pas à la foudre et on ne se confronte pas au réel. On refait la vérité avec des petits arrangements qui arrangent tout le monde.

J'ai le sentiment qu'elle me ment sur les dates et qu'elle me livre des demi-vérités. Si j'étais le fruit d'un viol, ma mère ne pourrait pas m'aimer ; je serais la trace de ce viol et ce serait terrible pour elle de me regarder ou de m'écouter, de me protéger. Je serais la trace vivante du mal. Peut-être que malgré elle, elle me détesterait et chercherait à me briser. Elle espèrerait tout au fond de son inconscient que je me brise moi-même ce qui viendrait justifier que je suis bien une enfant du Diable et elle n'y serait pour rien. Je ne trouverai aucune grâce à ses yeux. Peut-être qu'elle reste dans ma vie, s'y acharne et s'y incruste comme de la poussière sur une plinthe cachée pour assister à ma chute. Cette version serait plus facile à comprendre et à justifier sa haine ou son désamour.

Pourquoi suis-je autant différente de ma mère ? Pourquoi pour moi, rester dans le déni me semble impensable ? Pourquoi je n'ai pas hérité de sa culture d'omerta au lieu de chercher à donner des grands coups de pieds et des grands coups de gueule à elle, à mon père, à ma tante, à ce père nourricier, à mes grands-parents, à ma sœur, aux hommes…

Je me demande si ma mère souffre parfois.

Je crois aussi que tout finit toujours par se savoir dans une vie.

Mon père est pied noir. Dans sa famille, les traces ont été effacées. Les seuls survivants de l'histoire d'Algérie où a vécu la famille sont mon père et ses parents. Les autres ont été égorgés. Ses parents sont morts depuis longtemps. J'ai appris récemment que ma grand-mère se prénommait Incarnacío et mon grand-père Pierre-Émile. J'ai connu mon grand-père jusqu'à mes 1 an. Il n'y avait qu'une photo de cette époque et elle s'est perdue. Je n'ai pas fait de recherches, cela reste compliqué. Mon père est un rescapé. Son père, pour le protéger, l'a enfermé avec sa mère dans une cachette de la maison et c'est ainsi, que malgré lui, il a assisté à la tuerie macabre de sa famille. Ils sont arrivés en France dans des conditions déplorables. Mon père avait 8 ans, il n'a jamais parlé de cette histoire, ni de ses parents.

Je ne sais pas s'il y a un lien mais il a toujours été violent. Il était bel homme, dragueur et avait beaucoup de succès auprès des femmes. C'est ce que sous-entendait ma mère. Ils se disputaient fréquemment à ce sujet. Il était infidèle et coureur de jupon.

En apparence, mon père était plein d'humour et bon vivant. Mais en vérité, il était faible, lâche et dépressif et avait du mal à se prendre en charge. Il lui a toujours fallu être avec une femme pour se débrouiller. Il ne sait pas vivre tout seul. Je pense qu'il n'a jamais grandi, a toujours subi sa vie et s'est laissé dépasser par les évènements. Je pense qu'il ne s'est jamais trop posé de questions. Il aurait pu avoir une vie complètement différente s'il n'avait pas fait le choix d'épouser ma mère. Plus tard, il a épousé une folle avec qui il a eu quatre garçons.

Mon père a été condamné pour pédophilie sur un garçon. C'était de fausses accusations fomentées par sa belle-sœur et sa femme. Il a été innocenté après avoir fait 9 mois de prison pour rien. Malgré cela, il est resté avec elle.

Ma mère l'a jeté comme un chien le jour où elle a décidé comme ça que son mariage ne pouvait plus durer pour son bien à elle. Mon père en a été très affecté. Au fil des mois, ses filles ont moins fait partie de son existence. Sa nouvelle épouse et ses quatre enfants nous ont remplacées. Malgré tout cela, je crois que j'avais de l'affection et de la tendresse pour mon père. En 2003, avant de partir vivre aux États-Unis, je l'ai revu à l'hôpital où j'étais admise pour une entorse à la cheville. Il était venu me rendre visite. Nous avons échangé quelques mots et quand il s'est retourné pour s'en aller, j'ai pris la décision de ne plus jamais le revoir. Je savais que je partais vers un beau projet et je ne voulais plus être rattachée à des personnes négatives et non courageuses. Ce n'était pas un jugement de ma part mais un acte de rejet face à l'homme qu'il était devenu, face à l'homme qui n'avait plus de rêves et qui se contentait d'une vie à prix réduit car il faut bien avancer. Il a fini par me décevoir. Si on ne se bat pas pour ses rêves, si on fait semblant de s'accommoder d'une vie et d'y trouver un certain équilibre, à quoi bon ? Pour atteindre le bonheur, il faut des sacrifices et beaucoup de courage.

Je ne veux conserver que cette image d'homme joyeux pour avoir le sentiment d'avoir vécu un semblant de bout de vie de famille normale. Je n'ai jamais revu mon père.

TOUS, ILS SAVAIENT

Tous dans leur silence, ils étaient complices.

C'est ce déni qui m'a le plus tourmentée dans mon histoire et qui me tourmente encore. Les tortures physiques étrangement laissent moins de traces. Elles ne sont plus visibles à l'œil nu. Les cicatrices restent sous la peau. Tous ces secrets dans la famille, tous ces viols subis par la génération de ma mère et celle de sa mère ont été bien gardés. La parole, le courage et même la lassitude et la peur auraient pu permettre d'arrêter cette malédiction familiale. Au lieu de cela, ils et elles se sont enterrées dans le silence. La mécanique du déni est implacable, le silence opère comme une scie et découpe votre âme en petits morceaux. La mécanique du déni est un engrenage dans lequel toute ma famille s'est pris les pieds, dans lequel j'ai été complètement broyée. Je suis au bout de cette mécanique de destruction des esprits, dernière survivante d'un *amicide*, première-née dans le monde de la parole.

Ma chère grand-mère détestait ce père nourricier. Elle subissait sa tyrannie, elle savait parfaitement ce qu'il faisait, elle connaissait l'horreur des actes qu'il a commis jusqu'à la fin de sa vie et pourtant elle n'a jamais rien dévoilé. Ma famille faisait partie des notables de la ville. Ils avaient toujours vécu à Amplepuis, une petite ville ouvrière dans le Rhône spécialisée dans l'industrie du textile. Hormis la fête annuelle des mousselines, il ne se passait jamais rien à Amplepuis. Cette posture lui a été très utile pour préserver sa vie de femme mariée. Rester mariée était le plus important pour elle, plus important que de protéger ses enfants. Je ne sais pas si c'est vraiment l'amour qui réunissait mes grands-parents. Ma grand-mère a eu une enfance difficile. À 12 ans, elle a retrouvé son père pendu et elle a dû prendre en charge ses frères et ses sœurs. Très tôt, elle est sortie de l'enfance. Elle a élevé ses filles comme on dresse des chiens. Elle a fini ses jours dans une maison de retraite sourde et aveugle. Dans sa chambre, elle avait posé sur sa table de chevet une photo de mon grand-père et de Florence. Un jour, une résidente lui a posé des questions sur Florence. Le lendemain, ma grand-mère avait glissé la photo hors de la vue dans sa table de nuit et ne l'a jamais ressortie.

Mon grand-père savait aussi. À 17 ans, Florence a parlé de ce qu'elle subissait de la part de ce père nourricier. Ses cheveux ont blanchi d'un seul coup, il a vieilli du jour au lendemain. Il a continué de vivre comme si de rien n'était. Je crois qu'il a pris conscience de tout cela quand Florence est morte. Lorsqu'il a témoigné le jour du procès de l'homme qui l'avait tué, il a dit à demi-mots qu'il fallait l'excuser car elle était fragile psychologiquement et perturbée. Ensuite, il n'en a plus jamais reparlé.

Il savait aussi que ce père nourricier avait agressé sa sœur. Une fois encore, il n'a jamais rien dit. Mon grand-père est mort, dévasté par un cancer du foie et emportant tous ces terribles secrets dans sa tombe.

Il avait été rejeté par ses parents car il était né d'une relation extra-conjugale. Il avait dû se prendre d'affection pour cet homme diabolique qu'il considérait sans doute comme un père et à qui il devait vouer un profond respect. Ça devait être impossible pour lui de reconnaître et plus encore de dénoncer les actes odieux de celui qui avait la figure d'un père. Il a accepté d'en payer le prix ; la mort de sa propre fille. Contrairement à ma grand-mère, mon grand-père était sensible. Je pense qu'il a beaucoup culpabilisé.

Ma tante a été violée à l'âge de 22 ans en faisant de l'autostop par deux automobilistes. Je l'ai toujours connue en thérapie. Elle avait beaucoup de rancœur envers sa mère et n'a jamais pu lui parler. Elle faisait semblant et s'est occupée d'elle jusqu'à la fin de ces jours. Elle essayait de me convaincre que mes flashs n'existaient pas et essayait de trouver la faille. Je la croyais différente.

Cette croyance s'est envolée le jour où j'ai récupéré notre arbre généalogique qu'elle avait fait. Elle aussi voulait trouver des réponses à son histoire. Elle avait mis le mot viol sous son nom. Mais seulement sous son nom, comme une revendication à laquelle elle seule avait droit.

La première fois que j'ai parlé à ma mère de mes souvenirs, j'avais 20 ans. À 18 ans, j'ai subi une agression. Étrangement, cette agression ressemblait trait pour trait à celle vécue lors de mes 4 ans. Même position, même violence. Mon agresseur ressemblait aussi beaucoup à ce père nourricier, même corpulence, même attitude. C'est ce qui a sans doute réveillé ma mémoire et m'a incité à parler deux ans plus tard. J'ai décrit à ma mère la pièce où il m'avait emmenée lorsque j'avais 4 ans. « Tu mens, m'a-t-elle dit malgré les détails que je lui précisais, je ne t'ai jamais conduite là-bas. » Elle est revenue vers moi des années après en me demandant comment il était possible que je connaisse cet endroit puisqu'elle ne m'y avait jamais emmenée. Ceci fut le point de départ. Mais après il a été impossible d'en parler.

Ce désir de parler, ma mère de façon étonnante l'a pourtant entendu. C'est elle qui a trouvé les médecins, pour moi mais pas pour elle.

Le temps a passé, mon mal-être était omniprésent. Mon cerveau était encombré de tous ces flashs qui surgissaient et que j'avais du mal à comprendre.

Je suis allée vivre à Paris. Là-bas, j'ai trouvé un certain équilibre avec mon travail, mes amis et les voyages. J'ai toujours été distante avec ma famille. J'ai insisté auprès de ma mère pour obtenir des réponses, des faits, des confidences. Aucun aveu.

Je n'ai pourtant pas pu couper les ponts avec elle, même lorsque je suis partie loin aux États-Unis. Elle m'a donné de l'argent mais jamais de l'amour. C'était pénible d'être toujours devant ce mur inébranlable. Je hais viscéralement ses mensonges, son hypocrisie, ses masques.

Au fil des années, je l'ai tenue éloignée de ce que je faisais. À Paris, j'ai fait une tentative de suicide, je crois qu'elle n'a jamais été au courant. Mais elle a toujours gardé cette emprise sur moi.

Mon retour à Anse a été l'une des décisions les plus catastrophiques de ma vie. Ma mère n'a jamais quitté Anse. On devait suivre une thérapie cognitive elle et moi et finalement elle ne l'a pas suivie. C'est encore elle qui a trouvé le thérapeute. Il m'avait dit, à l'époque, que cela ne fonctionnerait pas sur elle car elle préférait rester dans le déni. J'ai écrit tout ce qui m'est arrivé. Elle l'a lu, elle a pleuré 5 minutes, m'a dit qu'elle avait une énorme dette envers moi et après, elle a revêtu sa carapace et mes questions sont encore restées sans réponse. Sa mémoire efface tout ce qui la dérange encore et encore. Elle se réfugie dans la méditation pour oublier. Je continue mes investigations. Les personnes autour de moi essaient de me faire comprendre qu'elle se protège. Si elle réalisait que tout ce que je dénonce et qui me fait souffrir dans ma chair a bel et bien existé, elle ne pourrait pas vivre. Le déni est un mécanisme de défense mais c'est ce même déni qui a attaqué mon enfance, ma vie de fille et de femme, ma vie d'amoureuse, ma vie d'amante et ma vie de mère.

Je ne sais pas si mon père sait. Il a vécu des choses terribles en Algérie, mais rien n'excuse son silence. Dans tous les cas, comme je ne le vois plus et je ne veux plus le voir, je ne saurai jamais s'il était au courant.

Dans mon histoire, j'ai plus de colère envers les femmes qu'envers les hommes. Les femmes me semblaient debout. Mais, en définitive, il n'y en a aucune pour rattraper l'autre.

Ma sœur est parfaite. Du moins, elle s'est fabriquée une vie parfaite. C'est probablement sa façon d'être pour ne pas replonger dans l'horreur de notre histoire. Je sais qu'elle se souvient de la fois où il lui a mis la main dans la culotte. Elle avait 4 ans. Le déni lui permet d'avoir une vie normale, bien rangée comme on dit, de s'inventer un monde avec la famille, des amis. Quand elle était jeune, elle voulait trouver un bon père pour ses enfants. Elle l'a trouvé avant de se rendre compte avec le temps qu'il n'était qu'illusion. Mais l'illusion est tellement plus confortable. C'est son échappatoire. Nous sommes si différentes elle et moi. Elle a besoin d'effacer comme ma mère, moi j'ai besoin d'affronter le problème pour vivre. Je ne devrais pas lui en vouloir mais ce n'est pas le cas. Elle vient de se remettre avec l'amour de sa vie. Je ne peux pas m'empêcher de trouver cela injuste parce que moi je suis toujours seule. Elle me renvoie à ce que l'on m'a enlevé et que je n'aurai sans doute jamais. Peut-être qu'inconsciemment j'aurais préféré ne pas être la seule à trainer cette histoire dans ma vie, à ne pas avoir pu surmonter et faire comme si rien ne s'était jamais passé. C'est ce qui arrive à beaucoup de personnes qui ont subi des actes comme moi. Parfois, la mémoire enfouit ces choses et permet de continuer sur les rails. Parfois cette mémoire est souterraine, d'autre fois, elle est sournoise, se réveille et éclate au moment où l'on s'y attend le moins, au détour d'une photo, d'un lieu, d'une odeur. Ma mémoire a subi toutes ces étapes. Elle continue de me submerger comme un tsunami. J'en veux certainement à ma sœur d'avoir su contenir cette mémoire au creux de son corps et de mener une existence des plus normales.

Ma tante Florence est la seule qui ait eu le courage d'en parler maladroitement à 17 ans alors qu'il commençait à s'en prendre à ma sœur. Elle est restée auprès de ses parents en attente d'une reconnaissance de ce qu'elle avait subi avec ce père nourricier. Je ne sais pas si auparavant elle a essayé de parler mais ce jour-là, elle a demandé pardon à ma mère à mon sujet. Elle se sentait tellement coupable. Elle n'a obtenu aucune réponse de ses parents. Elle a dû porter l'accablante responsabilité de la parole même si cela n'a rien changé. Elle a écrit ses poèmes, elle a sombré dans la dépression, elle s'est enterrée dans son silence et elle est morte comme elle avait vécu sous les coups d'un homme.

Quant à moi, mon cerveau a fait en sorte que je ne ressente plus aucune émotion pendant toutes ces années. C'est grâce à ce refoulement et à la dissociation de mon corps que j'ai pu continuer à vivre. Encore actuellement, je ne sais pas tout ce qui m'est arrivé, je comprends toute l'horreur que j'ai vécue mais une partie de moi reste dans le déni pour ne pas conscientiser toutes ces souffrances endurées.

Chaque personnage de la famille a été pris dans cet engrenage s'en pouvoir l'arrêter. Chaque pièce de l'histoire s'est imbriquée dans une autre laissant à chaque fois son lot de souffrances, de peurs et de silences. Il aurait suffi d'un seul acte, d'un seul mot, d'une seule accusation pour enrayer la machine. Mais, chacun et chacune a essayé de se faufiler dans les interstices du mécanisme, dans les petites zones de silence et s'y est installé construisant sa vie comme on construirait une maison en zone inondable. Toutes ces femmes ont vécu et ont dû vivre avec ce traumatisme qui a eu forcément un impact sur leur vie d'une manière ou d'une autre. Toutes ces femmes ont dû penser que c'était normal de vivre ses agressions. C'est l'époque qui veut cela.

Je ne veux pas en être, je ne veux pas imaginer une seule seconde que ce sont des choses qui se font dans les familles, que c'était peut-être même de ma faute, que ce sont des choses qui ne se disent pas dans une famille et qu'il faut passer à autre chose. Je ne veux pas être de celles qui se demandent à quoi cela sert de remuer la boue du passé. Je ne veux pas être de ces femmes et laisser l'histoire se répéter.

Je suis donc la dernière et la première. J'avance avec mes zones d'ombre moi aussi. J'ai été amnésique de ces faits durant des années. Mais si je n'avais pas pu oublier, si j'avais gardé la conscience exacte de tout ce qui m'est arrivé, moi aussi je me serais laissée mourir. Quand ma mémoire s'est réveillée, quand j'ai commencé à parler, j'ai eu envie de mourir la première fois. Les thérapies, les voyages, le travail et mes enfants m'ont finalement maintenue en survie. La dénonciation de tout cet engrenage du déni me rendra la vie.

Avec mon livre, je vais offrir à ma généalogie la libération de ce terrible secret. Je peux être fière de moi car malgré toutes les peurs que j'ai encore, je vais enfin briser le silence. Même si j'ai commencé ma vie sur des actes horribles, il n'empêche que c'est à partir d'eux que je me suis construite. Pour pouvoir comprendre qui je suis, je n'ai pas le choix que d'y replonger sans pudeur et sans illusions, que de parler et d'écrire. Mon corps dans son entier a conservé la mémoire de tout ce qui s'est passé et j'apprends à ranger ces souvenirs, ces réactions, ces comportements dans des cases, puis dans des tiroirs que j'espère fermer à clé un jour. Les tiroirs condamnés regorgent de choses et de souvenirs qui ne disparaissent pas. Ils sont là et demeurent. Les tiroirs peuvent être ouverts mais tout commence à rester à sa place. Je ne pourrai rien faire disparaître. Je ne pourrai rien oublier. Je ne pourrai rien pardonner tant que j'aurai besoin de me soigner, de faire la pute, tant que je ne pourrai pas construire une relation amoureuse.

En écrivant ce livre, je me dis que s'il est lu, il m'apportera peut-être la reconnaissance que je ne peux pas obtenir de ma famille. Sinon à quoi bon avoir vécu tout cela.

JE SUIS NÉE INVISIBLE

À ma naissance, mes parents se sont fait voler leur appareil photo dans la maternité. Je ne me suis jamais vue bébé. Cette image manquante m'a toujours troublée. J'aurais aimé voir à quoi je ressemblais à ma naissance, j'aurais aimé me voir sans cheveux, en gigoteuse. Je crois que ce vol était un mauvais présage. C'est comme si on m'avait volé mon enfance à laquelle j'aurais eu droit. Cette partie de moi qui a été enlevée est un peu comme l'innocence qui est réservée à tous les enfants jusqu'à ce que quelque chose vienne bousculer l'ordre. Mais, on ne peut pas revenir en arrière. La première photo que j'ai vue de moi date de 1972. J'avais un an. J'étais assise sur les genoux de ma mère. C'était le jour de mon anniversaire. Je me dis que tous les parents du monde ont envie d'immortaliser la naissance, les premiers mois de la vie de leur enfant. Il n'y a que cette photo. Où sont passées les traces de ma première enfance ? Quand j'ai accouché de mon fils Éric, ma mère m'a dit qu'il était mon portrait. Je suis même étonnée qu'elle se souvienne de moi à cet âge.

J'ai pris des milliers de photos de mes enfants quand ils sont nés et bien après. J'ai conservé toutes ces photos précieusement et quand je les regarde, je replonge dans leur naissance et leur enfance. À chaque fois, ce sont des petits souvenirs qui refont surface.

Ma mère n'a sans doute pas le besoin de se replonger dans les premières années de ma vie. Aujourd'hui encore, cela reste difficile et quand je lui demande, je dois insister pour avoir des réponses à mes questions. Elle est incapable de se souvenir de moments simples comme celui où j'ai marché.

Je ne me rappelle pas grand-chose de mon enfance, ni quand j'étais petite fille, ni ce que je faisais avec mes parents, ni comment j'étais à l'école. Sur la seconde photo, j'ai déjà 3 ou 4 ans.

J'étais jolie et tellement insouciante. J'affichais un grand sourire. C'est une photo que j'ai gardée. Elle a été prise juste avant que tout ne bascule. En thérapie, on m'a demandé un jour de faire la chronologie de ma vie depuis ma naissance jusqu'à maintenant. Je devais citer trois évènements par an. Jusqu'à mes douze ans, je suis incapable de citer un souvenir heureux. Il me reste des impressions vagues sauf lorsque j'endurais ces atrocités.

Je subissais souvent les moqueries à l'école et au collège parce que les autres enfants me trouvaient différente ou anormale. Je n'étais pas comme eux. Ils parlaient d'eux, de leur famille, de leur chambre, de leurs vacances et parfois même de leurs souvenirs d'enfance tandis que moi je n'avais jamais rien à dire. N'avoir rien à dire quand on sait d'emblée que l'on ne sera pas écoutée, ce n'est peut-être pas si grave. Alors parfois je m'inventais une vie pour intéresser les autres. J'étais tellement peu crédible ou mal à l'aise que personne ne me croyait et en définitive plus personne ne voulait m'écouter.

Je me revois souvent petite à bouger les lèvres pour parler mais aucun son ne sortait de ma bouche. Je me revois crier, hurler, dire souvent non, personne ne m'entendait. Quand il me forçait à entrer dans le coffre de la voiture, je revois les gens passer, regarder sans me venir en aide comme si j'étais invisible. Pourtant, je me souviens de leurs regards interloqués, car la situation n'était pas commune. Même les moniteurs du centre ne disaient rien. J'avais l'impression d'être un fantôme aux yeux des gens normaux mais que les agresseurs, eux, me voyaient bien.

Je suis restée enfermée longtemps dans mon corps qui me servait de prison pour que l'on ne me voie pas et pour que l'on ne s'intéresse plus à moi. Difficile de parler de ses souvenirs quand on a juste un grand trou noir dans sa tête et un mal-être omniprésent que j'avais beaucoup de mal à identifier parce que j'étais jeune et que tout ce qui m'arrivait était incompréhensible.

Je n'ai jamais pris l'habitude de discuter, d'exposer et de défendre mes idées, de développer et d'argumenter mes opinions, de contester les avis contraires. J'avais peur d'exprimer ce que je pensais, ressentais et peur aussi des représailles.

Je me trouvais donc fréquemment dans des situations inconfortables. Je redevenais visible aux moqueries que les autres m'assénaient. Et comme je me sentais rejetée et seule, je finissais par me complaire dans cette solitude et à trouver le monde entier d'une féroce méchanceté.

Malgré mon jeune âge, personne n'a jamais pris ma défense, ne m'a jamais soutenue, aidé à comprendre et à me sentir mieux dans ma peau hormis ma chienne et un ange nommé Charly.

Charly est un ange que j'ai fabriqué et qui n'a existé que dans mon imagination. Il était là quand je me sentais oubliée, vulnérable, bafouée. Il m'a sauvé la vie. Il vivait dans ma tête mais sa présence était quasi réelle tant c'était la seule chose qui me réconfortait et me faisait tout supporter.

À force, j'ai ce sentiment de me perdre, de ne pas savoir qui je suis, de ne plus avoir d'identité. Plus jeune, ma famille me confondait même parfois avec ma tante Florence, comme si nous étions jumelles. Un jour, ma grand-mère avait décidé de me faire une jupe portefeuille. Elle était couturière. Quand elle me l'a donnée, j'ai été très surprise et heureuse d'avoir un cadeau rien que pour moi. Je me sentais fière, j'avais de l'importance. Mais quelques jours après, j'ai découvert qu'elle avait fait exactement le même modèle pour Florence. J'ai vraiment été blessée parce que je n'étais pas elle et elle n'était pas moi et que si on m'offrait la même jupe que ma tante, c'est que je n'avais rien de particulier. On ne tenait pas compte de mes goûts et je ne profitais des cadeaux que si les autres, ma tante ou ma sœur, en recevaient.

J'ai toujours adoré la musique. Ma mère m'a offert ma première chaine quand j'avais 20 ans parce que ma sœur en a eu une à 16 ans. Elle avait décidé de nous acheter une chambre à coucher dans notre nouveau logement. Elle a choisi deux chambres ponts complètement identiques hormis la couleur. L'une était rose et l'autre bleue. À l'époque, j'étais assez grande pour avoir un lit de taille normale alors j'ai été terriblement déçue de devoir me contenter de ce qui avait été choisi en fonction de ma sœur. À la maison, il n'y en avait que pour elle. Plus les années passaient, plus mon écœurement grandissait, et moins je m'exprimais. Je n'étais à l'aise que sur un canapé à noyer mon cerveau devant la télé dans des films sans intérêt.

Cela m'a quand même permis de développer mon imaginaire. J'inventais des histoires incroyables et somptueuses qui pimentaient mon quotidien. Je l'ai fait pendant très longtemps. Quand je trouvais la vie insupportable, je me replongeais dans ma bulle et je créais des vies féériques où tout le monde m'aimait et faisait attention à moi. J'étais tout le temps l'héroïne qui défendait les autres.

La seule chose que j'ai eue pour moi, c'est ma chienne Dolly. Ma mère me l'a offerte, car elle voyait bien que j'étais enfermée dans mon mutisme depuis fort longtemps. À la maison, ma seule confidente était donc une chienne. Par la suite, j'ai toujours eu des chiens dans ma vie pour me protéger mais aussi pour combler ma solitude. J'ai une confiance absolue dans les animaux. Je n'ai pas connu un seul chien qui m'ait déçue. Je ne peux pas en dire autant des hommes.

La première fois pourtant que quelqu'un a eu de l'intérêt pour moi, c'était le père de ma correspondante irlandaise. J'avais 17 ans. C'était également la première fois que je prenais l'avion. Cela a été un moment magique. J'avais observé les hôtesses durant tout le voyage. Partir pour la première fois à plusieurs milliers de kilomètres de chez moi m'a apporté un immense sentiment de joie. Je réalisais qu'un autre monde existait et pouvait être à ma portée. J'exultais. Le père de ma correspondante nous a emmenées pendant une semaine à Cork. C'est là-bas que j'ai eu mon premier coup de foudre avec une Guinness. Ma correspondante vivait toute seule avec son père mais ils étaient à eux deux une vraie famille. Je me rappelle comme il était attentionné, un père aimant et protecteur envers sa fille. C'était la première fois qu'un adulte s'intéressait à moi, à ce que j'aimais et me préparait un petit déjeuner des plus copieux. Il y avait tant d'amour dans ses gestes et dans sa voix. Je devenais une vraie petite fille normale et je me sentais en sécurité.

Quand j'ai grandi, rien n'a vraiment changé. On ne s'intéressait pas à moi sauf pour me faire du mal. Les amis, que j'avais, étaient pour la plupart ceux de ma sœur. Moi, je n'avais pas d'amis à l'exception d'Aurélie qui reste ma meilleure amie. Elle a toujours été à mes côtés pour m'écouter et me soutenir bien plus que je ne l'ai été pour elle.

Ce sentiment d'évaporation me rattrape encore. Aujourd'hui, quand je dois m'exprimer devant un groupe ou parler de sujets, c'est terrible car je ne me sens pas écoutée. Dans un groupe de parole, un jour, je me suis retrouvée la dernière à parler. C'est souvent comme ça que les choses se passent pour moi. Je me sens toujours éjectée, transparente, disparaissant et je ne sais pas quoi en penser. Quand je ressens ce genre d'émotion, cela me ramène à mon enfance et à tout ce que j'ai pu vivre. Un mot, une attitude, une réaction me projettent dans le passé. Et cela tourne, tourne dans ma tête. Je n'aime pas me sentir différente. Lorsque je me retrouve dans cette situation, je ne me sens pas à ma place. Je n'en parle jamais, car j'ai le sentiment que l'on ne pourrait pas me comprendre. Je ne me sens jamais à ma place. Je suis comme une fleur qui ne voit pas le soleil et je ne m'épanouis pas. Souvent quand je m'exprime, j'ai le sentiment d'être une imbécile et surtout de n'avoir jamais rien à dire.

J'ai tout le temps l'impression de ne pas être intelligente. C'est vrai, je ne lis pas ou très peu. J'ai tout appris tardivement en ne comptant que sur moi et ma vision des choses. Je me suis éduquée toute seule. Je fais souvent des monologues dans ma tête. Je manque vraiment de répartie. J'ai très peur de la réaction de l'autre en fait. Je me sens tout le temps bête, ridicule et incomprise. J'en perds mes moyens et même pour expliquer mes passions, tout s'embrouille dans ma tête. En société, je me retrouve souvent isolée dans un coin. Il est très rare que l'on vienne m'adresser la parole et j'ai beaucoup de mal à aller vers les autres. J'ai l'impression parfois de ne plus savoir l'ordre des mots, la syntaxe ni la conjugaison des verbes et je n'ai pas un vocabulaire très développé. Je dois souvent regarder la définition des mots dans le dictionnaire, surtout les mots traduisant les émotions. Je me sens tellement ridicule d'avoir à faire ça mais je n'ai pas trop le choix. Ce qui étonne les autres, c'est ma volonté, ma détermination et mon entêtement pour y arriver. C'est ma seule et grande force.

Mon corps a été marqué par les coups, les brûlures, les strangulations, les déchirures et pourtant curieusement, les traces laissées n'ont jamais alerté personne, ni les médecins, ni les enseignants, ni mes parents. C'est à croire qu'elles aussi étaient invisibles. Florence m'a expliqué, qu'à l'époque des faits, ma famille avait des relations, fréquentait des gens importants qui ont accepté de fermer les yeux pour préserver leur petit cercle de notables.

C'est une énergie surréaliste et incroyable de vouloir faire entendre sa voix. C'est une énergie qui surpasse toutes les autres forces et qui anéantit.

Ma sœur et moi avons quatre ans d'écart. Elle est plus jeune. Je crois que je lui en veux beaucoup. C'est quand elle est venue au monde que j'ai été violée pour la première fois. En fait, nous n'avons jamais été proches. Elle a toujours eu besoin de moi alors que moi je vis bien sans elle. Dans mon enfance, quand je jouais parfois avec elle, il m'arrivait de l'attacher avec des cordes ou des bouts de tissus. Je voyais bien que ce jeu la terrifiait mais je continuais. Ce n'est qu'après plusieurs années que j'ai compris que je ne faisais que reproduire ce que l'on me faisait. Ma sœur était très fusionnelle avec ma mère. Pendant des années, je me suis sentie très seule contre elles. Je n'avais jamais gain de cause. C'était toujours ma sœur la meilleure, bons résultats scolaires, bosseuse, ambitieuse alors que moi je n'étais qu'une bonne à rien qui ne ferait rien de sa vie, je ne faisais rien de mes journées. Je ne voulais pas sortir, j'avais peur du monde extérieur et des hommes. Je ne me sentais en sécurité que sur le canapé avec mon chien à mes côtés.

Je crois qu'inconsciemment, je déteste ma sœur car elle a toujours été protégée par mes parents et mes grands-parents. En grandissant, elle réagissait aussi bêtement que ma mère. Mes parents l'ont protégée du mal, tandis que j'ai le sentiment d'avoir été livrée en pâture au Diable.

En couchant sur papier tous ces souvenirs, cela devrait être simple de couper les ponts mais ça ne l'est toujours pas. Aujourd'hui encore, j'ai du mal à comprendre pourquoi, à huit ans, ni mon père, ni ma mère ne m'ont protégée. Je me souviens des nuits où le Diable venait se glisser dans mon lit ou m'entrainait dans le sien au sous-sol pour me faire subir les pires des horreurs. Ma famille n'était pourtant pas très loin dans la maison. C'est très difficile pour moi de comprendre pourquoi ma sœur a toujours été protégée et pas moi.

Je me demande parfois si quelqu'un m'a vraiment aimée un jour.

J'ai 7 ans.
Il vient me chercher au centre aéré. Il est avec des amis, des hommes.
Il me prend violemment par le bras et me traine jusqu'au coffre de la voiture. Il me met dedans avec une violence inouïe. Personne n'intervient. Comme si c'est normal de mettre une enfant dans un coffre de voiture. Sur le parking, il y a pourtant une caserne de pompier.
Dans ce coffre, je suis à l'étroit, en position du fœtus. Le temps du trajet, ma tête tape contre la paroi du véhicule, une odeur d'essence ou d'huile me donne la nausée. Il y a des virages et cela me rend malade et me donne l'envie de vomir. On roule. Je suis dans le noir, toute seule et je ne sais pas où il m'emmène. Je suis complètement terrifiée. À un moment, la voiture stoppe. Il ouvre le coffre. Il me prend par les cheveux. Il adore ça. Il me fait sortir du coffre et me traine jusqu'à la porte. Ses acolytes suivent en rigolant.
À l'intérieur, il m'attache à une chaise, les bras, les jambes. Je n'arrive pas à me défaire. Ensuite, ils se mettent autour de la table et ils boivent encore des verres de rouge. Ils me regardent

et rigolent. Il vient vers moi, me détache et me déshabille. Il y met du soin comme s'il ne voulait pas abîmer mes vêtements. Sans doute pour ne pas laisser de trace. Alors, tous me violent tour à tour sous l'œil de ce père nourricier qui sourit constamment. M'humilier, me faire mal, me voir me faire violer semble l'exciter au plus haut point. Quand ils ont fini, ils remontent chacun leur pantalon. Il me soulève et me remet sur la chaise. Il m'attache de nouveau toute nue. Ils se mettent autour de la table, se versent encore des verres de rouge et rigolent en me regardant. Au bout d'un moment, il me détache et me pousse vers mes bourreaux. Cette fois-ci, il sort un fusil et demande aux autres de m'écarter les jambes. Il m'enfonce le fusil dans mon intimité et s'amuse à jouer à la roulette russe avec. Je hurle de douleur. Puis une fois le jeu fini, ils me violent encore tour à tour. Quand ils ont fini, ils se rhabillent, me rhabillent et me ramènent à la Colline.

J'ai mal partout et j'ai envie de pleurer. Je me sens tellement salie dans mon intérieur. J'ai du mal à marcher. Mes grands-parents ne me prêtent aucune attention. Je reviens de l'Enfer et personne ne s'en rend compte. Je me retrouve dans un monde en apparence paisible et je redeviens invisible. Il discute avec mes grands-parents comme si rien ne s'était passé.

Absolument rien.

PORTRAIT DU DIABLE

Il était de taille moyenne, assez costaud, en muscles. Il avait les cheveux châtains et les yeux marrons. Ses narines étaient très larges et le visage dur. Il avait de très grandes mains comme sa carrure imposante. Il avait un physique imposant. Il faisait peur. Tout le monde avait peur de lui. Dans ma famille, on racontait qu'il venait de Syrie ou qu'il avait fait la guerre en Syrie. On ne savait pas grand-chose de sa vie, de sa famille. Il paraît aussi que son père était un détraqué sexuel et s'en prenait même aux poules pour assouvir ses pulsions. Mais, personne n'a jamais fait de lien avec lui. Il passait son temps à boire du vin rouge mais il n'avait pas le visage boursouflé par l'alcool. Il portait des maillots blancs type marcel avec des grands vieux slips kangourou, je crois blancs ou bleus. Son linge était lavé par ma grand-mère. Je me souviens que ses mains avaient des taches brunes de vieillesse. Il portait une alliance en argent. Qui pouvait bien avoir épousé un type pareil ? Je me souviens d'un détail, son sexe était large. Je me souviens du dégoût qu'il me procurait et qui est encore tellement vivant aujourd'hui. Je ne savais jamais ce qu'il allait me faire. Plus c'était pervers, plus cela l'émoustillait. Il adorait être l'instigateur de scénarios plus sordides les uns que les autres. Je l'ai surnommé le père nourricier car il était plus vieux que mon grand-père et c'est ainsi qu'on le nommait dans la famille.

Il s'appelait Patrick, Patrick A. Curieusement je ne me souvenais plus du tout de son prénom mais j'ai fini par me le remémorer en écrivant. Quand il a quitté son logement près du centre aéré, il est venu s'installer chez mes grands-parents. Il avait sa chambre au sous-sol. Il était toujours présent lors des repas de famille le dimanche.

Mon grand-père serait né d'une relation adultère. Son père l'a donc rejeté. Il s'est pris d'affection pour cet homme avec sa femme qui ne pouvait pas avoir d'enfant. Ce couple a donc fait partie de la famille parce qu'il s'occupait de mon grand-père. Sa femme était la marraine de ma mère et ils avaient surnommé ma mère Petite Princesse. Ma mère m'avait raconté quand elle était petite et qu'elle allait chez eux, que la femme du père nourricier ne dormait jamais. Tant que sa femme était vivante, il causait moins d'agressions. Mais, il a quand même violé la sœur de mon grand-père et malgré cela, celui-ci l'a protégé continuellement. Il a toujours gardé le secret de sa sœur.

Mon grand-père était un notable dans la ville, il avait donc un certain pouvoir dont celui de connaître les bonnes personnes pour faire enterrer les histoires. Mes grands-parents étaient préoccupés avant toutes choses par leur image et leur réputation. Ils auraient été prêts à tout pour se protéger des diffamations et pour cela, ont dû faire tout ce qui était possible pour passer les actes de cet homme sous silence. Il est vrai que c'est mon grand-père qui l'a imposé dans notre famille. Mais en réalité, personne ne l'aimait. Il avait le surnom de tyran et passait son temps à effrayer les gens. C'était un prédateur, un violeur qui au fil du temps est devenu pédophile et zoophile. Il n'avait aucune intelligence particulière. Mais, même s'il protégeait cet homme par pur intérêt personnel, je crois que mon grand-père lui vouait une certaine et incompréhensible admiration. Je me suis demandée si le lien entre les deux n'était pas d'ordre biologique. Personne ne le saura jamais, cela restera dans les secrets de famille.

Ma mère a conservé deux photos de lui dans l'album familial. La première a été prise pendant un repas à la Colline. On le voit attablé avec d'autres personnes de son âge. Sur la deuxième, on me voit debout entre mon grand-père et lui. J'ai raturé la photo. Je ne comprenais pas que ma mère puisse encore conserver des photos de lui. Quand il est mort, j'ai refusé d'aller à son enterrement. Je me suis tellement mise en colère, pour une fois, que ma mère m'a écoutée et elle n'a pas insisté. J'avais 13 ans.

Il a été enterré dans le caveau familial. Après le procès de la mort de Florence, mon grand-père a fait exhumer son corps. Dernièrement, j'ai ressenti le besoin de me rendre au cimetière, vérifier la véracité des faits. Il était très important pour moi de connaitre sa date de décès. Sur place, aucune trace de lui comme s'il n'avait jamais existé. Quelle déception. Heureusement, ma mère m'a finalement montré un papier où était notée sa date de naissance et sa date de décès ainsi que celui de sa femme. Je n'ai pas pu m'empêcher de constater que ces dates corroboraient une fois de plus à mes souvenirs.

Florence est morte le 30 septembre 1996.

À 4 ans, elle m'a vendue. Quand l'horreur devient un paysage familier, une habitude du quotidien de petite fille, peut-être que l'on ne se rend plus compte. J'aurais probablement fait la même chose.

Elle était brune aux cheveux frisés, les yeux marrons. Son regard était triste et vide. Elle avait une taille très fine et une jolie poitrine qu'elle aimait mettre en valeur. Sur son bras gauche, elle avait tatoué le A d'anarchie entouré d'un cercle. Ma famille nous confondait tout le temps toutes les deux. Elle adorait les chiens, malheureusement, elle ne pouvait pas les garder car elle était allergique à leurs poils. Elle avait un setter irlandais et que ses parents avaient ramené à la Colline. Son copain, qui est devenu son mari et le père de son fils s'appelait Alain et était d'origine allemande. C'était le grand amour de sa vie. Je les ai toujours vus ensemble. Elle a eu une relation avec une femme plus âgée qui travaillait aux côtés de Dalida, mais leur relation n'a pas duré.

Contrairement à moi, elle écrivait tout le temps. Elle écrivait des poèmes que personne ne comprenait. Elle était maîtresse d'école, elle adorait enseigner aux enfants. C'était sans compter sur son instabilité mentale qui au fil du temps avait pris le dessus.

Pour ceux qui ne la connaissaient pas, elle ne laissait rien transparaitre mais les viols subis, les impunités ont commencé à la dévorer et à la détruire.

Florence est restée vivre à côté de ses parents en espérant recevoir cette fichue reconnaissance de ce qu'elle avait enduré. Un jour, je lui ai dit de ne rien attendre d'eux, d'envisager sa vie autrement et surtout de partir loin. Mais elle était persuadée du contraire. Sa mère n'a jamais rien dit.

Elle prenait beaucoup de médicaments ou de l'alcool pour oublier, se chercher, essayer de vivre et écrire comme une poétesse maudite. Son seul rayon de soleil qui la soutenait a été son mari Alain. Il a fini par la quitter. La situation devenait insupportable pour lui. Elle n'arrivait pas à remonter la pente et j'imagine qu'Alain ne pouvait plus accepter de la voir ainsi. Ses parents ne comprenaient rien, ne voulaient pas voir et surtout ne voulaient pas remédier à la situation. Pour elle, les repas de famille imposés n'étaient qu'une torture de plus. Se trouver à la même table que son agresseur ne faisait qu'augmenter son dégoût et sa rage contre lui. Un jour, ses parents l'ont enfermée dans un Vinatier, car elle avait encore fait les quatre cents coups. C'était leur fonctionnement pour résoudre ce qu'ils appelaient le problème. L'endroit était effroyable. J'ai vu une patiente qui s'éclatait la tête contre le mur, j'en ai vu un autre qui hurlait à la mort. Elle avait renoncé à se battre et semblait complètement résignée à se laisser aller à une vie interminable.

Nous avions une relation compliquée avec des expériences similaires. À l'époque, nous n'en parlions presque jamais. Les mots étaient parfaitement inutiles. Il y avait tellement de souffrance en nous que nous étions incapables d'en parler ensemble. Je voyais bien à quel point elle se détruisait. C'est elle qui m'a fait prendre conscience que mon salut serait loin de cette famille. Le plus loin possible.

La naissance de son fils Jérémy l'a apaisée au début, mais très rapidement, son état moral a décliné. Après Alain, elle a rencontré un homme. Un jour du 30 septembre 1996, il l'a cognée, plus que d'habitude. Elle en est morte. Ce jour-là, j'ai ressenti une violente douleur en bas du dos. Nous étions proches et c'est comme si j'avais ressenti le moment précis où elle s'est éteinte. Je me demande parfois si elle n'a pas cherché cette mort, ne pouvant se la donner elle-même. C'est le seul stratagème qu'elle a dû trouver : donner une procuration pour son propre suicide.

En 1998, l'homme a été jugé. Il a été condamné à 15 ans de prison. Au bout de 7 ans, il sortait. Le jour du procès, au tribunal, mon grand-père a déclaré qu'il fallait excuser l'attitude de Florence, qu'elle était fragile psychologiquement car son père nourricier la violait. Ce jour-là, il a compris à quel point cet homme qu'il avait mis sur un piédestal avait détruit son enfant. Florence n'aura pas entendu ces mots et ces regrets qu'elle avait tant attendus toute sa vie. Ma grand-mère ne s'est jamais exprimée.

Florence a toujours culpabilisé de n'avoir rien pu faire pour me protéger. Elle s'est mise à parler quand j'avais huit ans car il commençait à s'attaquer à ma sœur qui en avait quatre. Un jour, lors d'un repas à la Colline, ma sœur était sur ses genoux. Florence s'est mise hors d'elle, a pris ma sœur et l'a posé sur les genoux de ma mère. Elle a dit : « tu ne sais pas de quoi il est capable et pardon pour Savannah ». Mes parents ont alors été vigilants pour ma sœur mais pour moi cela a continué.

Ce que Florence et moi avons vécu est l'opposé de l'amour. L'amour, c'est quelque chose de beau et de magique.

J'ai moi aussi un tatouage sur mon avant-bras. Je l'ai fait au même endroit que le sien. Je me sens en paix vis-à-vis d'elle.

Ce soir, je me dis qu'il est grand temps de laisser un peu de côté ces histoires du passé et de commencer à penser à moi. Je me sens un peu moins seule tout à coup pour continuer à vivre ma vie. À presque 50 ans, il serait temps.

LE POINT DE NON-RETOUR

C'est à 4 ans que ma vie a basculé sans ménagement, dans l'incompréhension la plus totale. Mon premier souvenir déjà s'inscrivait dans une chronique quasi mortuaire.

Je suis avec mon grand-père et ce père nourricier dans les cuisines du centre aéré. Mon grand-père y travaille comme cuisinier. Il est en train de préparer un plat et l'autre est assis à table, un verre de vin à la main. Mon grand-père me fait goûter son plat et va le rejoindre pour boire un verre. Comme à son habitude, il boit encore du rouge.

Au bout d'un moment, ils se mettent à parler de moi car j'entends mon prénom.

Puis ce père nourricier m'attrape très fort par le bras et me fait sortir de la cuisine. Il me traîne violemment parce que je ne veux pas le suivre. On traverse l'atrium. Je vois des jeunes passer mais personne ne réagit. Nous nous dirigeons vers son appartement. Il me pousse sur le canapé. L'appartement est sobre, il y a un immense buffet. Il est sur moi. Il m'écarte les jambes et me serre la gorge. J'ai tellement mal que je détourne la tête et je regarde de toutes mes forces à l'extérieur par une fenêtre. Je vois une terrasse aménagée où les pigeons se posent. Je suis horrifiée. Je continue à regarder le plus loin possible. Je n'arrive pas à me débattre, il est trop lourd. Il me serre la gorge et me maintient la tête sur le côté. Je sens quelque chose entre les jambes. C'est horrible et là je sens une douleur qui me transperce tout le corps jusqu'à ce que du rouge apparaisse. Je suis dans un bain de sang. Je ne vois plus les pigeons.

Quand il a fini, il dit à ma tante Florence qui est cachée dans un coin de me nettoyer avant que ma grand-mère vienne nous chercher. C'est elle qui me lave.

*Je l'entends encore m'expliquer que cela ira, c'est la première
fois qui fait très mal après cela passe, qu'il ne faut pas que je
m'inquiète tout est normal.
On sonne à la porte, c'est ma grand-mère.
Elle vient nous chercher pour nous ramener à la Colline.*

À partir de cette journée, ma vie a changé. Après cet épisode, je
n'ai pas vraiment de souvenirs.

Je n'ai pas de souvenirs d'une enfance qui serait normale.
Je sais que je ne passais pas tout mon temps dans cette ferme
isolée, je suppose que le reste du temps, j'allais à l'école, même
si je n'étais pas très sociable, je devais bien avoir quelques co-
pines comme toutes les filles de mon âge. Est-ce que je prenais
mes repas à table avec mes parents ? Est-ce qu'on me lisait une
histoire avant de dormir ? Qui m'emmenait à l'école ? Est-ce que
je faisais des bêtises ? Est-ce que je partais en vacances ? Je ne
me souviens que de ce que l'on m'a dit. Quelques vagues souvenirs me traversent parfois mais rien qui me permette de revivre
cette époque. J'avais une copine au collège. Elle me racontait des
histoires que j'étais supposée avoir vécu avec elle. J'acquiesçais
mais en vérité je ne me souvenais de rien. J'ai toujours eu une
sorte de honte à n'avoir aucun souvenir, j'avais ce sentiment de
ne pas être comme les autres et de ne même pas savoir du reste
qui j'étais. C'est comme si je n'avais pas eu de vie.

Mon cerveau ressemble à un disque dur que l'on a formaté et
sur lequel il ne reste que les évènements tragiques de ma vie.

Un autre flash arrive. J'ai 7 ans.

*Je suis assise sur une chaise, enfermée dans une cave avec un
matelas pourri qui empeste et une chaise posée à mes côtés.
Je suis toute seule et je ne sais pas ce qui m'attend cette fois.
Un premier garçon entre. Je ne l'ai jamais vu. Il ne fait pas
partie du groupe des complices. L'homme me viole. Il finit.*

Le père nourricier ouvre la porte. L'homme lui remet de l'argent et s'en va.

Je ne me rappelle plus combien d'hommes ont défilé comme ça, se sont couchés sur moi, m'ont regardée, touchée, doigtée et violée, violée encore. Le dernier est lourd, j'essaie de me défendre et de le repousser. Mais il sort un couteau, le dirige contre ma gorge et me dit d'être gentille sinon il utilisera son couteau.

J'ai tellement peur que je fais pipi sur moi.

Chaque homme paye son dû à ce père nourricier.

À la fin de la journée, il me lance quelques pièces sur le matelas, sans doute pour le service rendu.

Du haut de mes 7 ans, je n'ai pas compris que mon corps était vendu comme une prostituée. C'est comme une trace de saleté indélébile. J'ai beau frotter, j'ai beau mettre du baume, mettre des mots, la trace est là et me poursuit. Je dis que cette trace me poursuit aujourd'hui parce que je vends mon corps pour rembourser mes dettes.

Pendant longtemps j'ai cru que je sentais mauvais. Que tout mon corps puait.

L'odorat est un des sens les plus développés. Une odeur peut vous poursuivre toute une vie. Une odeur peut arriver comme ça au moment où vous vous y attendez le moins et peut vous transporter dans un lieu de mémoire tapi au fond de vous. Vous pouvez la sentir, la palper, vous la reconnaissez entre toutes, vous avez envie de courir pour la fuir mais malgré vous votre nez la cherche, l'attrape, l'enveloppe, lui donne un contour, veut la retenir. Il faut quelques minutes parfois pour se souvenir, dans mon cas, l'odeur de ces hommes qui m'ont souillée est dans l'air, flotte comme un fantôme prêt à surgir avec son lot d'images de vieux corps flétris prêts à la pourriture. Cette odeur je pourrais la décrire mais pourtant je ne trouve pas de mots : mélange animal et fécal, mélange acre et piquant. Nauséabond à en vomir.

Odeur de crasse grasse s'inscrivant sur mon propre corps, transpirant par chaque pore de ma peau.

J'ai souvent eu l'impression que les hommes que je rencontrais dans l'amour rejetaient certaines parties de mon corps. Je me demandais pourquoi aucun ne voulait me faire de cunnilingus. Sentais-je donc mauvais à ce point ? Avec le temps, j'avais l'impression que la crasse remontait dans ma gorge et dans l'intérieur de ma bouche au point que je devais avoir mauvaise haleine. Il faut croire qu'à force de douche, de brosse, de savons, de parfums l'odeur tenace a fini par battre en retraite, mais, comme une tâche qu'on frotte, il reste toujours une infime trace non visible à l'œil nu.

C'est facile de vendre mon corps, ça me rapporte de l'argent rapidement. Les thérapeutes expliquent cela par la dissociation. Je suis capable de faire des actes sans que cela ne m'impacte ou ne m'affecte. Je sors de moi, de mon corps pour pouvoir accepter l'irrespect, l'ignorance, la saleté. Comme quand j'avais 4 ans. J'aurais pu choisir de me droguer, de boire. J'ai choisi de me dissocier.

Au fil de temps, cette pratique finit par être thérapeutique et j'ai moins de colère envers les hommes. Aussi paradoxal que cela paraisse, à les voir nus comme des vers et de les contrôler, cela les rend plus humains et vulnérables.

Je n'avais que 4 ans.

Et tout de suite après, j'ai eu 7 ans. Tout a recommencé. Et si rien n'avait jamais cessé ? Si c'était juste ma mémoire qui avait flanché entre mes 4 et mes 7 ans ? Entre l'horreur et l'horreur. C'était toujours pire. L'horreur s'amplifiait comme s'il n'y avait plus aucune limite. Même dans les scénarios les plus terrifiants, ce que l'on me faisait subir était au-delà.

Durant toutes les années qui ont suivi, je n'ai pas été autre chose qu'une espèce de fantôme, une sorte de trou de mémoire géant, avec des flashs, toujours les mêmes et des hauts de cœur. J'ai besoin de comprendre, c'est une question de survie. J'ai besoin de commencer à vivre. Il m'aura fallu 48 ans pour que ma vérité commence à émerger comme un loup craintif qui sort timidement de la forêt et fait demi-tour au moindre bruit. Pourtant, j'ai appris très tôt dans l'enfance à canaliser mes émotions, à ne pas montrer mes peurs, à jouer un rôle que j'ai du mal à déverrouiller maintenant. C'est comme si mon cœur était emmuré et que personne n'arrive à l'approcher. Parfois, je rêve de vivre une belle histoire d'amour où la personne me respectera, s'intéressera à moi pour ce que je suis et non pour l'aspect sexuel que je dégage. Je ne sais pas ce qu'est l'amour avec un homme et c'est ce qui me démoralise. Je mélange un peu tout dans une relation et souvent je suis avec des personnes qui sont aussi brisées que moi.

MAUDITE BEAUTÉ

Quand j'étais petite, j'ai souvent entendu dire que j'étais très jolie. Et bonne aussi. Parfois, je voudrais me faire belle mais j'ai tellement peur de me faire agresser. Quand j'entends ces mots, tout mon corps se raidit et se crispe. Je confonds le beau et le baisable. À 7 ans, j'ai voulu que l'on me coupe les cheveux tout court parce que l'on m'avait dit qu'ils étaient beaux. Je ne voulais plus ressembler à une petite fille. Je me disais que plus personne ne les tirerait pour me forcer à me plier aux fantasmes de vieux pervers, je ne voulais plus porter les cheveux longs. Si je n'avais pas été aussi jolie, il ne me serait peut-être rien arrivé. Alors pour en être sûre, j'ai fini par devenir grosse pour que les gens me laissent tranquille. J'en ai déduit que c'était la tranquillité assurée quand on est moche et grosse. Mais un jour, un voisin a voulu m'embrasser de force. Ce jour-là, il pleuvait et je déménageais mes affaires. J'étais mal coiffée et mal habillée. J'ai réussi à me dégager. J'étais dans une stupeur totale. Pourquoi, même pas quand je ne suis pas belle, on veut me faire du mal ?

Je trouve la vie tellement dure. Quand on est enfant, on n'a pas les capacités de s'autogérer, de maitriser les choses, la vie, les gens. Quand la base est mauvaise, quand on ne vous a pas montré les belles choses, on garde en soi un sentiment de perpétuer la souffrance quoi qu'il arrive. Il faudrait une justice divine : toi qui as eu une enfance de merde, tu mérites de bien vivre à présent.

Jérôme a été « ma première fois ». J'avais 17 ans. À l'époque je n'avais pas conscience de tout ce que j'avais subi. C'était ma seconde amnésie. Ce qui est positif avec l'amnésie, c'est que ça permet de ne pas savoir et de ne pas avoir d'états d'âme. Avec Jérôme pendant l'acte, j'avais cette drôle d'impression de connaitre cette situation. Il y avait quelque chose de familier alors que c'était la première fois. Et puis je n'ai pas saigné. Je me suis posée des questions, toutes les filles saignent la première fois. J'en ai parlé à ma sœur. Elle m'a répondu que la virginité pouvait se perdre à cheval. Cela m'avait fait doucement sourire car je n'étais jamais montée à cheval.

Il aura fallu attendre mes 42 ans pour que le voile de l'amnésie se soulève. Lors d'une séance de thérapie cognitive, des images de sang partout sur un canapé et moi, toute petite, me sont revenues. Ces images ne m'ont plus jamais quittée.

C'est après Jérôme que j'ai commencé à fréquenter toutes sortes de types malsains qui me malmenaient, qui me manquaient de respect, cherchaient à m'humilier et me faisaient faire n'importe quoi. J'ai vite basculé dans des relations multiples avec des tonnes de types identiques, puis j'ai continué dans le libertinage. En fait, j'ai toujours couché avec des mecs.

TOUS CES HOMMES

J'ai vécu une relation sentimentale avec Angie. Angie se travestit. Je l'adore. Quand j'ai trop bu, je lui dis même que je l'aime. Mais en fait, je ne sais pas. Je ne sais toujours pas dire non. On s'est rencontré par hasard lors d'un trio. Je l'ai trouvé tout de suite superbe en travestie. Sur le chemin, on a discuté très longtemps. On a passé une soirée très sympa et on s'est recontactés. Puis on s'est mis à sortir de plus en plus souvent. Nous avons beaucoup de points communs. Angie au féminin m'écoute. Elle me fait redécouvrir une relation à deux puisque nous passions des week-ends ensemble et même des semaines. Cela faisait très longtemps que je n'avais pas dormi avec quelqu'un. Je l'ai même présentée à mes enfants. Parfois, j'ai l'impression d'être amoureuse d'elle mais je ne pense pas que cela soit le cas en fait. Elle est incapable de m'apporter ce que je veux vraiment. Ce n'est finalement qu'une amitié profonde. Je pense qu'elle est plus cassée que moi. On s'appelait tous les jours et parfois deux fois par jour. Je l'aime en tant que femme mais je ne supporte pas son caractère d'homme. Au fil de notre relation, je me suis sentie importante à ses yeux. J'ai commencé à faire des crises de jalousie, ce qui n'était pas dans mes habitudes. Angie aime tout le monde et ne fait pas trop de différence entre les gens. Elle me déstabilise. Je savais qu'elle ne resterait pas avec moi. J'ai fini par me sentir complètement perdue sans pouvoir réagir. Parfois, elle me blessait. Elle disait que lorsque j'étais à court d'arguments, je me retranchais derrière mon passé, comme une excuse. J'ai fini par me demander ce qu'elle attendait de moi. Parfois, elle me mettait dans des situations très inconfortables et me manipulait pour que je parle de mon passé, pour me rabaisser. Parfois, elle me déstabilisait tellement jusqu'à me demander si elle n'avait pas raison : est-ce que je ne m'apitoie pas trop sur mon sort ?

Le couple me fait peur. J'ai une peur bleue d'être délaissée. Je me sens comme dans une prison. Avec Angie, on a voulu me faire croire que nous étions un couple or, j'ai fini par réaliser que j'avais sombré dans une dépendance affective. Il m'a fallu du temps et de l'énergie pour comprendre qu'elle me tirait vers le bas.

En fait, on ne me choisit pas vraiment. Les hommes ne voient en moi qu'un corps de baise. Comme si je n'avais pas de cerveau pour réfléchir ou de cœur pour aimer. Je n'attire la plupart du temps que des hommes sans intérêt ou qui ont vécu des histoires blessantes et ne sont plus capables de donner. Je ne reçois rien d'eux. Je ne leur fais pas confiance. Et comme je ne veux pas avoir mal, je fais en sorte que tout se passe bien ou que rien ne se passe. Je fais en sorte que les hommes ne m'aiment pas. Je suis excessive ou totalement absente.

Parfois, face à tous ces hommes que je rencontre, j'ai des instincts incontrôlables qui me surprennent. Je leur couperais bien le sexe à tous ces hommes qui, avec leur pénis, ne font que du mal. J'inventerai une sorte de guillotine. Je les placerai en ligne, le sexe en avant et clac, la guillotine !

Récemment j'ai perdu tous mes points sur mon permis de conduire, je devins dépendante des autres. Je n'aime pas ne plus pouvoir faire ce que je veux quand je veux. Il y a tant de fois où j'ai voulu m'échapper et que n'était pas possible parce que l'on m'avait ligotée. Sur une échelle des valeurs qui me tiennent en vie, je mettrai la liberté en premier. C'est le plus important pour moi.

Les hommes libres me font peur. Je m'amourache des hommes pris parce que je sais qu'il n'y a aucun risque. Je suis intimement convaincue qu'un homme marié ne quitte jamais sa femme. S'il finit par se retrouver célibataire en général, c'est que sa femme l'a plaqué. En amour, je me sens larguée et maladroite.

Il y a Chris, avec lui c'est différent. Il ne correspond absolument pas aux hommes que j'ai l'habitude de côtoyer. Aujourd'hui, il a répondu à mon message. Je ne peux m'empêcher de constater que c'est toujours moi qui le contacte. Pour l'instant, il ne vient me voir que pendant les heures de travail. Jamais en dehors. Cela me déstabilise. Je ne sais plus en fait si je fais encore une répétition d'une époque de ma vie ou si vraiment je ressens des choses différentes pour lui. Même si nous avons des rêves communs, je ne suis pas certaine que ce soit suffisant pour nous mettre ensemble. Il est marié. Je pense qu'il n'y a plus rien dans l'intimité de son couple depuis bien longtemps, hormis des histoires d'argent et de biens. Je crois qu'il s'est habitué à vivre ainsi et qu'il a fini par trouver son équilibre. Il est bourré de vieux principes ce qui lui donne un certain charme. Dans son esprit, le divorce n'est pas envisageable car sa femme reste la mère de ses enfants.

C'est aussi idiot que ce que m'avait sorti ma mère une fois. Elle s'occupait tout le temps de sa mère malgré tout ce qui s'était passé. Quand il y avait un choix à faire entre sa mère et moi, je me trouvais toujours perdante. Un jour, je lui ai demandé pour quelles raisons elle avait cette attitude vis-à-vis d'elle. Elle m'a répondu que c'est parce qu'elle l'avait mise au monde.

Je ne pense pas que l'on puisse changer le monde avec des clichés aussi ridicules.

En tout cas, dans cette nouvelle histoire, je me sens complètement perdue. Finalement, dans les histoires sans lendemain je me pose moins de questions. La femme de Chris est l'opposé de moi. Elle s'exprime facilement, a l'air bien dans son corps et dans sa tête. On sent qu'elle a reçu une certaine éducation. Elle est normale. L'autre jour, je suis allée sur son compte Facebook. J'adore, c'est une vraie mine d'informations. Chris est à la tête d'une grosse entreprise et y travaille avec sa femme. Je ne pense pas qu'il soit en phase de séparation. Ceci dit sur ce point, il a toujours été franc avec moi en me disant qu'il ne la quittera jamais. Il pose avec elle et ses enfants. Il m'a invité un soir chez lui, sa femme était sans doute en déplacement. Quelques jours plus tard, elle postait des photos d'eux sur leur bateau. Je ne sais pas pourquoi je m'entête. On se voit maintenant tous les 15 jours avec quelques messages. Les moments que nous passons ensemble me font du bien car ils sont simples et doux. Je me sens timide. Sous son air charismatique, je crois qu'il n'est pas plus détendu que moi.

Chris a eu une enfance difficile lui aussi. Il a été battu par sa mère et a passé son enfance dans des familles d'accueil. En fait, souvent je rêve que la vie me montre qu'un homme peut être différent. Je crois que mon rêve est devenu réalité avec lui.

Je crois que Chris m'aime bien. Il dit qu'il rêve de moi et a des gestes tendres. Nous nous sentons proches l'un de l'autre car nous avons le même passé et nous nous comprenons. Je suppose que c'est comme cela quand on tient à quelqu'un mais je ne sais pas. On ne s'est jamais intéressé à moi qu'à l'horizontale. Et du plus loin que je me souvienne, il n'y a pas un seul de mes amis avec qui je n'ai pas couché. Le sexe a toujours été banalisé dans ma vie. Je sais faire semblant. Je sais faire croire aux hommes que j'ai du plaisir alors que je ne ressens rien.

J'ai de plus en plus de mal à cerner Chris. Que cherche-t-il vraiment ? Finalement qu'importe. Je n'ai jamais ressenti cela avant. J'ai donc décidé d'apprendre à vivre les bons moments sans trop me projeter. Je me sens bien avec lui et je n'ai pas envie de faire semblant. Dans le fond, je rêve d'une relation sentimentale. J'ai parfois même le sentiment de l'attendre et de devenir dépendante. Être sa maitresse est une position qui me remet dans l'invisibilité et me fait souffrir. Encore une fois je suis celle que l'on cache, que l'on ne doit pas voir. Pour l'instant, je ne crois plus que quelqu'un puisse faire des choses incroyables pour me montrer qu'il m'aime.

Comme j'ai toujours pris la fuite, l'amour ne peut plus jamais me rattraper. Souvent je me demande qui voudrait de moi avec le passé que j'ai. Je n'ai jamais laissé de place à l'amour. Mon seul modèle a été celui de mes grands-parents, fous amoureux l'un de l'autre et de façon très fusionnelle mais cet amour n'a pas servi à me protéger, au contraire, il leur a permis d'être complices par omission de tous les actes que je subissais. Alors pour moi l'amour n'a pas grande valeur. Au début, on fait semblant de croire que quelqu'un peut changer cela. Et au fil des années, on finit par ne plus y croire. Je ne suis vraiment pas douée avec les hommes. C'est l'histoire de ma vie.

Je vais essayer de vivre ce que j'ai à vivre avec Chris. Je vais essayer de ne rien attendre de plus que ce qu'il peut réellement donner. Je vais essayer d'apprécier ces moments inédits de tendresse que je partage avec lui. Je vais essayer de m'en saisir, de les retenir par cœur pour apprendre à faire confiance à d'autres hommes peut-être. Je vais essayer d'apprendre.

On dirait que mes émotions se débloquent. J'ai peur de souffrir encore. Je n'y survivrai pas. On dirait que je redeviens humaine. Il y a même des larmes qui coulent de mes yeux. Tout se mélange dans ma tête. Parfois, je voudrais me faire belle mais mes blocages reviennent. Certains matins, je me dis que je vais réussir à avoir une vie agréable et simple. D'autres matins je sens que cela est impossible, que cette vie n'est pas pour moi. Je rêve d'avoir une vie calme, une petite maison au bord de la plage ou une maison d'hôtes que je gérerais avec pleins d'animaux. Une vie qui ressemble à ça. Mon humeur des matins ressemble à des montagnes russes, un jour ça va, un jour ça ne va pas, avec des sensations de remonter à la surface et de replonger aussitôt.

ÊTRE AILLEURS

Hormis mes voyages, rien ne me fait vraiment envie.

Je suis partie au Brésil où j'ai rencontré Valérie. À Salvador, elle m'a amenée visiter l'église de Bona Fama, car c'est un lieu incontournable.

Cette église est importante dans le cœur des Brésiliens, elle représente la foi, les croyances de ce peuple. Souvent je repense à ce périple initiatique.

L'église est assez imposante. Elle surplombe une place au détour de ruelles colorées. Il y a des brésiliens qui vendent des petits bracelets que les gens attachent un peu de partout, dans un lieu de leur souhait pour que leurs vœux s'exaucent. Des milliers de bracelets de toutes les couleurs sont attachés sur la grille qui entoure l'église. Ils correspondent à des milliers de vœux qui se réaliseront peut-être. Devant l'entrée, Valérie me parle d'elle et de sa traversée du désert, des difficultés qu'elle surmonte chaque jour. En écoutant ses paroles, je me rends compte à quel point elle a la foi et cette croyance lui permet de se lever chaque matin et de continuer malgré tout. La majorité des Brésiliens continue à garder cette foi qui leur donne la possibilité de voir les choses autrement et de se sentir heureux, vraiment heureux. La famille reste le pilier de leur vie quotidienne ainsi que l'entraide. Je réalisais que dans mon pays, même si la France a de nombreuses églises, le rapport à la foi en est tout autre. Dans un pays où la surconsommation est omniprésente, où l'individualisme monte considérablement, les Français se perdent dans leurs croyances limitantes. Dans mon pays, la vie est plus facile et pourtant les gens sont de plus en plus perdus, isolés et malheureux. Au Brésil où la corruption est dite clairement, les Brésiliens restent unis et s'entraident dès qu'ils le peuvent. Ils ont une foi qui peut détourner les océans.

Nous continuons notre chemin et rentrons dans l'église. À l'intérieur, chaque espoir suspendu à chaque bracelet retentit comme un bruit sourd. Ils forment un arc-en-ciel que les courants d'air font danser. Des centaines de messages, des photos de personnes inconnues qui tapissent les murs, viennent témoigner et exprimer une incommensurable gratitude. Il y a un homme qui a demandé de pouvoir s'acheter une voiture. Il a envoyé une lettre et la photo de sa voiture pour remercier ce dieu qui a répondu à sa demande. Il y a un couple qui voulait avoir un bébé depuis des années sans succès. Ils ont envoyé une lettre de remerciement et la photo du nouveau-né quand leur vœu s'est réalisé. Je me déplace et je continue à lire ces milliers de vœux qui ont été exaucés. Je fais tout le tour de l'église. Une force spectaculaire et un sentiment de bien-être m'envahissent et je me prends à penser que les rêves peuvent devenir réalité. C'est comme s'il y avait de la magie derrière, une magie impalpable que je ressens tout au fond de moi. Un sentiment de paix qui exulte et redonne la confiance.

J'ai acheté des bracelets avant d'entrer dans l'église. Je fais très attention à la couleur que je choisis comme s'il y avait un lien avec mon vœu. Avec beaucoup de sérieux, de respect et de concentration, je les attache un par un en formulant mes vœux, un sur le côté droit de la grille, un sur le côté gauche. J'en ai attaché deux dans l'église, devant l'autel. J'en ai mis un aussi dans chaque alcôve. Je veux croire moi aussi au miracle. Je n'ai aucun doute sur cette légende. J'aimerais laisser un remerciement sur ces murs.

Je ne me souviens plus de tous les vœux que j'ai faits mais je crois que le plus important s'est réalisé quelque temps après mon retour en France.

Dans cette église, j'ai demandé à avoir du temps pour m'occuper de moi, de m'occuper de mes enfants et d'avoir assez d'argent pour subvenir à nos besoins. Et c'est un miracle, la vie s'est mise à m'apporter des solutions petit à petit. Mes revenus ont d'abord augmenté tout en me laissant un peu plus de temps libre puis j'ai fait la rencontre de deux personnes bienveillantes qui m'ont aidé à comprendre, exprimer et ranger mon histoire dans le but que je trouve enfin mon chemin de vie et que je sois heureuse avec mes enfants où que je sois.

J'ai mis un bracelet orange et un autre jaune autour de mon bras. Le bracelet orange s'est détaché mais le bracelet jaune est toujours autour de mon poignet. Je pense que le vœu du bracelet jaune est ma guérison qui approche doucement.

J'ai peut-être réussi à transmettre à mes deux fils ce besoin que j'ai d'être ailleurs. Ils aiment les voyages. Notre prochaine destination sera la Tanzanie et la Laponie en fin d'année.

J'ai l'impression que mon passé commence à se ranger dans les alcôves de mon cerveau mais parfois, je ressens un grand vide dans ma tête. J'ai perdu mes repères. J'ai le sentiment d'une perte de temps et que rien dans ma vie ne me donne des raisons d'aller vers l'avant et de rebondir. Le passé est lourd comme une chaine et m'entrave jusque dans l'idée de mon avenir.

J'ai pourtant travaillé dur pour tenter d'avoir une vie gratifiante. Les voyages, le travail m'ont permis de ressentir de la joie et de la fierté. De me sentir forte et en vie. Mais le chantier de reconstruction de ma vie et de mes souvenirs m'a obligé à faire des choix pour ne pas sombrer. J'ai choisi de me prendre en charge pour avoir l'espoir d'atteindre la vie de mes rêves. Mais c'est tellement douloureux de faire remonter les souvenirs. J'aurais souvent préféré qu'ils restent dans l'oubli. Cela aurait été mon déni à moi.

Ce pays, je le supporte de moins en moins. Il est truffé de règles avec des exceptions qui finalement rendent les choses injustes et renforcent les inégalités. Je suis à la recherche d'un logement social. Je suis tombée sur une assistante qui se trouve blasée du système et cela peut se comprendre. La dernière fois, elle m'a dit que l'on m'accorderait difficilement un logement social parce que j'étais propriétaire. Que faut-il faire dans ce pays pour avoir gain de cause et obtenir des aides pour survivre ? Faudrait-il que je sois seule à la rue avec mes deux enfants ? Je suis démotivée et fatiguée de me battre contre l'absurdité et la complexité d'un système administratif.

Je n'ai toujours compté que sur moi-même. Depuis que je suis née, peu de personnes m'ont aidée.

Je n'ai jamais pu compter sur ma famille. Ma tante, ma grand-mère, ma propre mère n'ont jamais rien fait pour moi. Elles ont fermé les yeux et cousu leurs bouches. Lorsque j'ai attendu du secours, personne n'est jamais venu. Personne ne s'est jamais demandé si j'avais besoin d'aide. Personne ne s'est jamais étonné de me voir triste, silencieuse, apeurée. Tous ceux qui auraient pu m'aider ou s'inquiéter pour moi n'ont jamais rien dit. Alors j'ai appris à ne pas faire confiance, à ne rien demander, à n'espérer que mourir.

Et je suis lasse de tout devoir assumer seule. Il faudrait que l'on me dise quoi changer dans ma vie et je suis prête à faire un effort mais il faudrait que la vie me montre que les choses peuvent bouger.

En l'occurrence, ce qui va bouger, c'est que l'on va saisir mon appartement. Mais, je suis encore propriétaire et devrait m'estimer heureuse de l'être même si je vis dans un mobile-home avec mes deux enfants, même si je suis en surendettement, même si j'ai dû déposer le bilan, même si j'ai dû pleurer pour obtenir à manger au resto du cœur ; le système ne regarde qu'une partie de la réalité et je ne suis pas du bon côté.

Je suis souvent en colère. Les autres comptent sur moi. Et c'est tout ce système et tout mon entourage qui continuent à me berner malgré mes efforts. J'ai l'impression que je m'y prends mal.

Je ne sais pas si je vais réussir à avoir un logement. On restera donc une année supplémentaire au camping. Mais combien d'années d'attente encore ? L'endroit reste petit et mes enfants grandissent. Cela devient de plus en plus difficile d'y vivre.

Ce soir, en écrivant, je suis en larmes. Peut-être que c'est un signe de guérison. Je persiste à croire que ne rien ressentir est plus facile. Mais c'est trop tard, je souffre. Cela faisait très long-temps que je n'avais pas pleuré en repensant au passé.

JE SUIS MORTE DANS UN PUITS

Ce soir, je n'arrive pas à trouver le sommeil. Parfois ma mémoire revient. Quand je repense à tout ce que j'ai vécu, je crois que c'est dans ce puits que cela a été le plus terrible. Parfois, j'arrive encore à ressentir les cordages sur ma peau. Je me revois tenir à une corde en pleurant toutes les larmes de mon cœur. Combien de fois j'ai voulu arrêter de respirer tellement la situation était intenable. Combien de fois j'ai hurlé que je voulais mourir. Une force m'a aidée à tenir. Mais souvent je me demande pourquoi il fallait que je survive à cela. Une partie de moi est restée dans ce puits et malgré toutes les bonnes volontés du monde, rien ne pourra me soulager entièrement de ce traumatisme. Souvent les gens trouvent cette histoire complètement folle quand je la raconte. C'est exact mais ce fut encore plus surréaliste de la vivre.

Le père nourricier me sort du coffre de la voiture et me traîne par les cheveux au pied du puits. Cette fois-ci, je me rebelle et j'essaie de le menacer en lui disant que je vais tout révéler à la police. Il me dit « tu veux parler, tu vas voir ». Il me donne des coups de pieds dans le ventre et me gueule dessus. Il me déshabille violemment mais tout en faisant attention à ne pas abîmer mes vêtements, puis il attrape la corde du puits, enlève le seau et m'attache. Il passe les cordes sur mon torse, les entrecroise au niveau de mes seins, la fait descendre dans mon entrejambe et la fait remonter dans mes fesses et mon dos et la raccroche à mes épaules. Il m'attache solidement, me soulève au-dessus du puits et me jette dans le vide. Il tend la corde pour que je reste ainsi suspendue au-dessus de rien à l'intérieur de ce puits. Je me cogne contre les parois, complètement sonnée. J'ai peur et je pleure. Je n'entends personne. Je ne vois que le ciel bleu. Et je reste à attendre, je pleure à chaudes larmes et la nuit arrive. J'ai faim, les cordes me font horriblement mal et j'attends. Je ne peux rien faire d'autre qu'attendre. Je trouve le temps très long. J'ai envie de mourir. J'implore la mort. Puis tout à coup, j'entends cette voix qui me dit de tenir bon. Que c'est un dur moment à passer, mais que ça passera. Que je vais m'en sortir. J'ai faim et mal partout. Je vois la nuit passer, je suis épuisée, je veux mourir. Je me dis que si je meurs, je ne souffrirai plus. Je ne comprends pas comment je peux survivre après autant de torture. Je me fais pipi dessus. Mon urine coule le long de mes jambes. J'essaie encore de me retenir mais au bout d'un moment, c'est plus fort que moi. Je sens l'odeur nauséabonde et c'est insoutenable. Mes yeux me font horriblement mal, tellement mal, mais je continue de pleurer. Mes larmes finissent par s'arrêter de couler comme si je n'en avais plus. Je me sens de plus en plus en colère et complètement abandonnée au milieu de nulle part.

Je suis suspendue aux cordes dans ce puits. J'espère de toutes mes forces que quelqu'un va me trouver et me remonter à la surface. Et l'instant d'après, j'espère que je vais mourir le plus vite possible tant c'est insurmontable.

4 jours suspendue à ces cordes.

J'entends sa voix. Je le vois. C'est mon ange Charly.

Il me dit que ce n'est pas mon heure, que je dois tenir pour accomplir ce que je dois faire. Il met ses ailes autour de mon corps pour que j'arrête de sentir les cordes qui me lacèrent la peau et entrent dans ma chair. Alors, je ne sens plus les cordes. Je joue à la marelle sur les nuages et je redeviens une petite fille comme toutes les autres.

Le jour arrive, je l'entends approcher du puits. Il m'appelle, je ne réponds pas, je suis tellement fatiguée et la douleur transperce ma peau. Je sens que l'on me soulève. J'aperçois le haut du puits puis la tête du père nourricier. Ses acolytes sont au loin mais toujours présents. Je me demande ce qu'il va encore me faire. Il m'emmène dans la maison. Il y a une assiette posée sur la table. Il m'ordonne de manger. Il m'habille avec mes habits qu'il avait soigneusement pliés et me ramène à la

Colline, chez mes grands-parents et il me jure qu'il me remet-
tra dans ce puits si je parle.
Mes grands-parents m'accueillent. Ne posent aucune ques-
tion. Tout est parfaitement normal. Je suis complètement
transparente, comme si j'étais réellement morte dans ce puits.

C'est mon ange qui m'a sauvé. Mon ange-gardien, c'est Charly.
C'est lui qui plus de 40 ans après m'a dit d'écrire ce livre et m'en
a soufflé le titre.

Charly est resté à mes côtés. C'est un être qui m'aime, peut-
être bien le seul et qui continue de me soutenir. Il m'a raconté
une histoire : un soir du 30 avril 1971, une femme mettait au
monde une magnifique petite fille. Il était 18 h 30. Cette petite fille était vraiment exceptionnelle et pourtant sa mère la
rejeta immédiatement et s'adressa à elle en des termes si mé-
chants que les mots résonnèrent dans l'univers. L'univers en
entendant ces mots gronda et décida d'envoyer un ange auprès
de cette petite fille et lui accorda un grand chemin. Charly ne
m'a jamais quitté depuis mon berceau. Il n'a pas pu éviter tout
ce que j'ai traversé mais il m'a protégé à sa manière et il continue à le faire.

Cette histoire d'ange est surréaliste mais elle me plait. Je crois
que certaines choses demeurent vraiment inexplicables. Et ça
me permet d'avancer. Aujourd'hui encore, ma vie est guidée par
de très fortes intuitions avec cette petite voix de Charly qui me
dit de ne pas abandonner. Parfois j'aurais préféré que Charly
me laisse mourir dans ce puits et m'enlève tout espoir d'une
vie meilleure que plus de 40 ans après j'ai encore du mal à rêver.
    Comme la mémoire peut être étrangement vivante. Comme
un corps. Je me revois, je ressens, je revis. Et j'étouffe en me ba-
lançant dans le vide, dans un précipice de désespoir. Je me laisse
tomber en chute libre au fond de ce puits.
    Le silence est encore là. Pas un seul bruit hormis les oiseaux
que j'entendais. Un silence de mort.

J'ai maudit la terre entière. Il me semble que j'ai supplié de me laisser tranquille ou de mourir. Je me dis parfois que si j'étais morte dans ce puits, il y aurait eu un point final à toute l'histoire sordide de ma famille. Qu'elle n'aurait pas pu nier l'évidence des actes horribles que m'infligeait cet individu. Cela les aurait peut-être obligés à assumer les faits. Ma mort aurait sûrement déjoué le mauvais sort.

Ma vie aujourd'hui est un peu comme dans ce puits. : je perds conscience et je plonge. Je reviens à moi et des lueurs d'espoir arrivent. C'est un aller-retour entre le bien et le mauvais mais le mauvais reste toujours.

LA VIE QUI CONTINUE

Dans ma situation, il n'y a vraiment pas de solution. Il y a prescription pour porter plainte. L'homme est mort depuis longtemps ainsi que mon grand-père. Quant à ma grand-mère, elle est sourde et n'y voit plus rien. Le reste de ma famille est toujours dans le déni. Je comprends que la prise de conscience sur des actes pédophiles soit difficile mais tant qu'ils ne reconnaissent rien, il me semble que ma reconstruction reste impossible. Chaque étape me parait insurmontable et incontournable. Il y a des gens fantastiques qui m'aident à clôturer intelligemment ce genre de chapitre. Et même si le corps a été violenté et abusé, surmonter cette épreuve est pour finir une belle victoire. Pour tenir, je me répète sans cesse qu'il ne gagnera pas. Je refuse de lui laisser ce plaisir, car les hommes les plus pervers et les plus inhumains sont des êtres faibles qui obéissent à leurs pulsions démoniaques. Aucune intelligence et aucune excuse ne peuvent justifier leurs actes.

En ce moment, c'est le sujet d'actualité. Les stars se mettent à parler. Parfois on dirait un show télévisé qui banalise tragiquement les faits. À la maison d'Ella, qui prend en charge les femmes victimes de toutes sortes de violences sexuelles, je peux évoquer et partager ma colère de voir toutes ces histoires faire la une des médias. Ce sont des gens connus, riches qui ont souvent pu refaire une vie. Mais, on ne parle jamais de nous, les victimes inconnues d'agresseurs inconnus.

À cause d'un virus, nous sommes confinés. Les écoles, les magasins, les cinémas et tout ce qui est dit non essentiel est fermé. Cette notion de non essentiel me questionne. Qui sait ce qui est essentiel pour chacun d'entre nous. Ma liberté est essentielle et je vis mal le fait de ne pas pouvoir sortir de chez moi plus d'une heure, plus d'1 kilomètre, nulle part ailleurs qu'au supermarché. Ce confinement me pèse beaucoup car c'est une privation de liberté. Ce contexte, je l'ai bien connu. Ne pas pouvoir faire ce que je veux. En plus, le déroulement de la journée est identique jour après jour et je ne supporte pas la routine. Ce confinement oblige à réfléchir. J'ai une impression que tout s'effondre comme dans le titre de Mylène Farmer que j'adore. Je me sens perdue et prise au piège.

Ma grand-mère est morte ce matin. Je viens de l'apprendre et ma première réaction est de dire « Chouette, ce n'est pas trop tôt ».

Je suis au chômage et je n'arrive pas à trouver un poste correspondant à mon profil. C'est difficile quand on a été cheffe d'entreprise déchue. Le courage, l'audace et l'investissement ne sont pas considérées comme des aptitudes au travail salarié. On persiste à me cantonner à des postes de subalterne.

Mon appartement va être saisi. J'ai beaucoup de dettes, les huissiers ont repris leurs poursuites. Je dois encore de l'argent à ma sœur. Elle me l'avait prêté pour ma société. Je dois de l'argent à ma mère. J'ai eu un accident de voiture qui n'était pas ma faute, une moto a percuté ma voiture. Mon assurance avait été radiée. Je dois payer le fonds de solidarité. Plus les années passent, plus je m'enfonce. Avant j'essayais de me battre et j'ai dépensé des fortunes auprès des avocats sans obtenir gain de cause. Maintenant je laisse faire et je n'obtiens pas plus de résultats.

Alors j'ai trouvé la solution de vendre mon corps pour faire face. Cette option s'est présentée à moi à différents moments de ma vie. J'avais toujours refusé de le faire. Mais là, ma situation financière était tellement critique que je n'ai pas eu d'autres options.

Je n'ai jamais eu autant d'argent. C'est grâce à mon travail d'escorte girl. Vendre mon corps aux hommes me rapporte bien. J'ai peur que ça s'arrête. Je ne sais pas faire autre chose dans l'immédiat que ce travail. Et si j'arrête, je crains de manquer et de me retrouver dans les situations de devoir compter sans cesse, de guetter les factures, de ne pas pouvoir les payer, de devoir demander des aides que l'on me refusera et surtout de ne pas pouvoir voyager. Il m'a fallu du temps pour retrouver un certain confort même si ma situation n'est pas luxueuse. Mais aujourd'hui, je peux manger, sortir, voyager, faire plaisir à mes enfants sans compter.

C'est après la fermeture de mon entreprise que les choses ont commencé à se dégrader financièrement. Avant mon entreprise, j'ai travaillé pour des grands groupes, tels que Protravel, Amex, Via voyages en tant qu'agent de voyages. J'ai toujours été reconnue pour mes qualités professionnelles alors j'ai pu évoluer facilement et je m'étourdissais dans ces vies où tout me paraissait facile et accessible et où tout me faisait oublier ce que je m'efforçais d'oublier. Pas trop de flash-back, mais une vie dense de passions de voyages et d'étincelles amoureuses. Une vie d'évitement aussi pour ne pas être confrontée à ce qui me faisait si mal à l'intérieur mais que je ne pouvais pas exprimer. Je voyais un psychanalyste deux fois par semaine. Cela me permettait de faire face et d'assumer mes responsabilités. J'étais dans un contrôle total et ne lui disais absolument rien qui puisse se retourner contre moi. D'ailleurs, cela l'exaspérait. Il a fini par me dire : « je ne vous comprends pas, vous me faites le coup à chaque fois, 5 minutes avant la fin, vous me sortez un point important, voire crucial ». Et à chaque séance, il continuait à m'inciter à lui parler et me questionnait sur mes abus de sexe, d'alcool et de drogue. Il a fallu 5 ans d'analyse pour craquer et dire à quel point je me sentais mal.

C'est là que j'ai rencontré Olivier. Dès le début, il avait le projet de partir un an aux USA. Son projet m'a intéressée dès le départ et cela mis fin à cette période d'étourdissement et m'a stabilisée. J'ai vécu 4 ans avec lui. Une relation belle comme je n'en ai quasiment pas connu après. Et pourtant, j'ai refusé de vivre cette vie avec lui.

Un jour, j'ai dressé la liste des hommes bien qui ont traversé ma vie. J'en ai compté douze. J'ai refusé douze fois de rester avec eux. Ce n'est que maintenant que je comprends ce qu'est un homme bien et que je rêve de le rencontrer à nouveau.

À Paris, au fil des années, j'étais fatiguée, je travaillais trop. Logan avait un an et demi et j'avais accouché de mon second fils. J'avais l'impression que je n'y arriverais pas. Pour me soulager, ma mère m'a proposé de venir vivre à Anse. Elle m'aiderait pour les enfants. Je l'ai écouté.

Comme je ne trouvais pas de travail à Lyon, j'ai eu l'idée de monter ma propre entreprise. À cette époque, j'étais sûre de mes compétences professionnelles et que j'y arriverais. L'idée était bonne, malheureusement ma situation personnelle était trop compliquée pour monter ce genre de projet. Je me suis retrouvée à élever mes deux enfants, tout en dirigeant une entreprise. Au bout de six ans, je me suis effondrée.

Plus les années passaient, plus je recommençais à aller mal. Ma mère m'a donc proposé une thérapie familiale : la thérapie cognitive.

Tandis que je poursuivais mes séances de psy, ma mère décidait d'arrêter. Mes séances chez le psy étaient de plus en plus éprouvantes car l'EMDR commençait à faire remonter mes souvenirs les plus vieux et plus sordides que j'avais vécu à 7 ans. Avant ces séances, je ressentais un sentiment de mal-être sans pouvoir le définir exactement. En général pour ce genre de thérapie, dix séances sont suffisantes, il m'en a fallu le double, pour les agressions et pour la famille.

Il m'a fallu 20 ans pour voir remonter tous mes souvenirs. Entre 7 et 19 ans, j'avais perdu la plupart de mes souvenirs. Mais, si tous étaient restés, je n'aurais jamais pu tenir. En parallèle, quand je demandais de l'aide à ma mère pour garder mes enfants, elle avait toujours une bonne excuse pour ne pas le faire. Quant à ma sœur, elle se plaignait de ne jamais voir mes enfants mais quand je lui demandais de l'aide, elle n'était pas plus disponible.

Je me suis donc retrouvée seule dans une ville que je déteste, avec une entreprise, deux enfants et un appartement que je venais d'acheter.

Pendant cette période, j'ai rencontré deux personnes importantes : Julien dit juju et Angèle.

J'ai rencontré Juju sur un site de rencontre libertin. Tout de suite, nous avons bien sympathisé et nous discutions durant des heures. Il organisait des après-midi et soirées libertines avec son copain. Ils faisaient cela depuis une vingtaine d'années et ils avaient un fichier de contacts assez impressionnant. Juju était célibataire et vieux garçon. Il était gestionnaire et vivait chez ses parents. Il avait la cinquantaine quand je l'ai rencontré. À sa connaissance, il n'a pas eu d'enfants. Il était assez atypique car il aimait les hommes et se travestissait.

Il m'a fait prendre conscience de mon besoin de sexe. Le libertinage m'a permis de légitimer en quelque sorte ma pratique du sexe à plusieurs que j'avais bien avant de le rencontrer.

Angèle fait aussi partie de ces personnes qui ont compté dans ma vie. Je l'ai rencontrée lors d'un trio qui ne s'était pas fait car le troisième n'était pas venu. À la place, nous avons taquiné la bière toute la soirée et déliré comme deux adolescentes. Nous formions une chouette équipe lors de nos sorties. J'entretenais avec elle une relation lesbienne. Je découvrais cette nouvelle facette de ma vie intime. Angèle était lesbienne et hétéro. Elle évoluait aussi dans le monde libertin et du porno. Elle avait été éduquée à la militaire, elle était trop autoritaire à mon goût. Son comportement cachait de profondes blessures envers les hommes. Elle s'est attachée à moi mais malgré mon attirance et mon affection pour elle, je n'avais pas envie de cette vie. Je pensais qu'être avec une femme m'aiderait à me stabiliser dans une relation sentimentale mais en définitive je n'assumais pas pleinement cette orientation. C'est vrai que ma relation avec les hommes était des plus complexes mais au fond de moi, je crois que je sais que c'est l'amour d'un seul homme que je recherche.

Un jour, j'étais avec une amie dans un club libertin. J'ai sucé 25 mecs les uns après les autres. Même mon amie était impressionnée par le fait que je pouvais aller si loin, beaucoup trop loin et que ce n'était plus du plaisir mais un manque de respect pour moi-même. Durant ces périodes il me fallait toujours plus de sexe. J'augmentais les sorties en club. Plus mon mal-être augmentait et plus je me jetais à corps et âme perdus dans la baise. C'était le seul moyen que j'avais trouvé pour effacer les viols, pour oublier ce qui me taraudait et me détruisait à l'intérieur.

Je suis restée à Anse de 2010 à 2016. Je crois que c'est le pire choix de toute ma vie : faire confiance à ma mère et tout quitter pour me rapprocher d'elle. En 2016, j'ai réalisé que si je voulais m'en sortir, il fallait que je m'éloigne d'elle et de cette ville. J'ai donc pris mon courage à deux mains et j'ai tout quitté pour aller dans la région bordelaise.

Ce n'est qu'en arrivant à Bordeaux que j'ai commencé à changer. D'abord, je me suis rendue à la Maison d'Ella pour obtenir de l'aide. J'ai rencontré des bénévoles qui n'hésitent pas à donner de leur temps libre pour aider les femmes qui ont subi des violences. J'ai rencontré Marielle, médecin acuponctrice. J'adore sa philosophie de vie. Chaque fois que je me pose des questions cruciales que je ne maitrise pas, elle a une façon de me les expliquer avec une ouverture d'esprit que je trouve fantastique. J'ai rencontré Isabelle, art-thérapeute, avec qui j'ai commencé à écrire. J'ai été totalement surprise lorsqu'elle m'a dit d'avoir confiance dans mon écriture. Ma rencontre avec elle a été le facteur déclencheur dans l'écriture de ce livre. Elle m'aide beaucoup à aller jusqu'au bout et à ne pas abandonner et elle me sert de traducteur sur les situations que je n'arrive pas à comprendre.

Dans le milieu libertin, ma rencontre avec Angie et d'autres travestis m'a apportée l'envie d'autre chose, de relations, d'une rencontre jusqu'au jour où j'ai pris la décision de tout arrêter.

La prostitution c'est autre chose. C'est mon travail. C'est là que j'ai rencontré Chris. Je crois qu'au fond de moi j'ai fait un serment de ne plus faire n'importe quoi. C'est la première fois que j'ai le sentiment de me donner une ligne de conduite, de m'y tenir et de me respecter. Avant lui, je me faisais parfois l'effet d'une serpillère. Tant qu'elle est piétinée, on continue à la salir. Maintenant je suis plus exigeante avec mes clients. Je les supporte de moins en moins. Je ne supporte pas l'odeur de certains. Je supporte de moins en moins leurs histoires de couple, leurs excuses, leur bonne conscience.

On ne sait jamais ce qu'il y a derrière un homme. C'est le premier pas qui est le plus difficile pour eux. Et puis après, les rendez-vous suivants sont plus faciles, ils y prennent goût, ils s'attachent un peu. Je suis toutes sortes de figures pour eux. Leur femme perdue, leur mère rassurante, l'inconnue valorisante, l'amante inespérée. Il est vrai que dans ma pratique, la question du tarif n'est jamais mise en avant. J'ai l'air sans doute de ne pas être intéressée. Pour un peu, ils ne seraient peut-être même pas surpris que je leur accorde ce temps et ces attentions particulières pour rien. Je me pose la question pour certains, ceux qui ne disent rien, qui viennent pour me rencontrer mais qui reviennent. Que viennent-ils chercher ? Qui sont tous ces hommes ? Ce sont les mêmes que je côtoie devant les écoles de mes enfants, que je croise au supermarché, que je ne regarde jamais dans la rue tant ils me paraissent insignifiants. Souvent je n'apprends rien d'eux si ce n'est leur nature profonde de mâle. Je ne suis plus surprise par celui qui me pose régulièrement des lapins, je ne m'amuse plus de celui qui a un tatouage de Spiderman, je ne m'émeus plus de celui qui ressemble à un nounours avec un sexe en cigarette, je ne m'offusque plus de ceux qui me posent des questions indiscrètes. Partager un lit, un moment de pur sexe, une régularité dans les rencontres devrait relever de l'intimité et à ce stade, la notion d'indiscrétion reste subtile. Et pourtant aucun ne sait rien de ce qui me traverse, aucun ne soupçonne mes talents de comédienne dans le rôle de la maitresse ouverte à tous les fantasmes, à tous les mensonges, à tous les corps. Je mériterai un oscar de grande actrice ou alors une médaille du travail bien fait.

Mais personne, ni aucune cérémonie ne récompensera jamais ce service rendu aux frustrés et mal baisés de la nation.

En dépit de tout, ce travail je l'aime bien dans le fond. Il me permet surtout d'avoir une vie facile et d'être libre. Je l'ai fait par plaisir et par nécessité ; j'ai choisi. Je n'ai pas sombré dans la drogue mais j'ai beaucoup bu et je continue encore parfois quand je n'en peux plus. Mon corps commence à se fatiguer. Je suis moins productive qu'avant. Je coupe parfois mon téléphone pour être tranquille. J'ai eu beaucoup de chance. Je me suis souvent retrouvée dans des situations complexes et dangereuses mais m'en suis toujours sortie et n'ai jamais reculé. Je ne me suis jamais sentie en danger que dans des situations les plus banales : passer un entretien, rencontrer des gens en voyages, peur que mes enfants échouent à l'école. Ce sont les situations normales qui m'effraient et me déstabilisent le plus.

Petite, j'ai été confrontée au plus grand des dangers que peut connaitre un enfant. Que peut-il m'arriver de pire dans cette vie ? D'une situation normale de petite fille normale je me suis retrouvée à vivre l'impensable de l'horreur. La vie banale et normale cache bien son jeu, elle est sournoise et peut vous ôter ce que vous avez de plus précieux en un temps infime et personne ne peut rien ou ne veut rien pour vous.

Dans ma vie, je me suis souvent mise dans des situations embarrassantes et dangereuses. Comme si je me désintéressais de tout ce qui pouvait m'arriver. Quand l'envie de mourir est toujours présente, peut-être que l'on finit par rechercher les moyens de sa propre mort. Et quand ce ne sont pas les autres qui provoquent votre mort alors le dernier moyen c'est soi-même.

À 20 ans, j'ai fait ma première tentative de suicide. Je me suis retrouvée à l'hôpital, un simple lavage d'estomac a suffi à me rappeler à la vie que je n'avais pas quittée d'un iota. Ma mère est venue me voir et c'est à ce moment qu'elle m'a conseillée vivement d'aller voir un psy car quelque chose forcément ne tournait pas rond dans ma tête. Inutile de me fatiguer à lui préciser que ce quelque chose qui ne tournait vraiment pas rond dans ma tête venait précisément d'elle et cette famille maudite car ce n'était pas faute de lui en avoir déjà parlé.

J'avais 27 ans quand j'ai fait ma seconde tentative de suicide. J'ai pris des médicaments, toute la pharmacie. J'ai appelé SOS DÉPRIME. Mais je me suis trompée de numéro et je suis tombée sur un homme qui travaillait dans un bar. Au bout d'un moment, il a compris qu'il se passait quelque chose et a appelé les pompiers. Je l'ai revu après, il s'appelait Serge. On a eu une relation. Il me chantait du Charles Aznavour au réveil tout le temps et je détestais cela.

Je n'arrivais plus à sortir de chez moi. Je m'abrutissais comme toujours devant la télévision ou m'alcoolisait pour me sentir mieux.

Je me demande parfois pourquoi j'ai eu mes enfants. Je me sens distante avec eux. Ce sont des garçons et je m'empêche de les embrasser, de les serrer contre moi, de leur faire des câlins et des bisous comme en aurait envie n'importe quelle mère. Moi, je n'en ai pas la pulsion. Je me sens mal à faire ces gestes d'amour. Je les trouve indécents, à la limite d'un acte incestueux.

C'est difficile pour une mère de se dire cela. Alors j'ai appris à être distante. À ne pas leur faire de bisous par exemple quand je les laissais à l'école. L'un de mes fils est très affectueux et il est en recherche de démonstrations d'amour. J'imagine qu'il doit se sentir frustré quand je ne le prends pas dans mes bras et ne le couvre pas de baisers. Il ne me demande rien, même s'il en a besoin. Parfois je me suis demandée si j'aimais vraiment mes enfants. Avant je ne pensais à eux qu'avec ma tête. Ils ne m'ont jamais vu pleurer. Je n'ai jamais dormi avec eux quand ils étaient petits. Je me demande ce qu'ils disent de leur mère. Ils savent que je suis là pour eux. J'ai organisé une sorte de rituel de câlins mais je leur en fais de moins en moins. Mon fils aîné a sa voix qui mue, il devient homme, sa voix a l'intonation d'un homme alors ça met naturellement une barrière.

Depuis peu, je pense à eux avec mon cœur. Je ressens davantage la joie et le sentiment d'amour de mère qui m'envahit quand je les vois.

Quand ils étaient plus petits, je dois avouer que je me suis sentie parfois comme un agresseur potentiel. Un soir, je suis rentrée complètement ivre. Je me suis engueulée avec mon fils aîné. Le matin, je ne me souvenais plus de rien, j'ai craint l'avoir agressé, d'avoir été violente. Il n'en a jamais parlé. Moi non plus. Son comportement n'a pas changé non plus. Cela m'a rassuré.

Je n'aurais pas pu avoir une fille, je me serais transformé en un dragon paranoïaque. Je n'aurais pas pu assumer, changer ses couches, la nettoyer. Ces gestes-là m'auraient renvoyé à la petite fille que j'étais et pas à la mère.

Avec mes fils, malgré mes réserves, je fais famille. Je sais qu'ils redoutent que je puisse partir un jour. Ils n'ont que moi. Logan me parle de son père. La dernière fois qu'il l'a vu, il avait quatre ans. Son père lui manque. Je réponds à ses questions et j'embellis un peu l'histoire à chaque fois. C'est plus facile pour moi car j'ai eu une relation qui était plus romantique avec son père. Eric n'a pas connu son père, il ne me demande rien mais a pris l'habitude de s'inventer des histoires. Ils parlent tous les deux de façon très naturelle de leurs pères. Il y a deux choses qui sont importantes pour moi ; je voulais qu'ils se sentent frères et qu'ils soient solidaires, forts et débrouillards. Je ne leur dis pas forcément et je me rends bien compte que je ne les ai jamais habitués à s'exprimer.

J'ai un ami, Stéphane, qui est proche d'eux depuis trois ans. Il les récupère à l'école, les garde certains week-ends. Il les voit grandir et se transformer. Stéphane est marié, il parle beaucoup avec Logan et Eric, il fait partie de leur vie. Il donne une belle représentation de la famille et une image masculine et je pense qu'au fond d'eux, les garçons le considèrent un peu comme un père présent, bienveillant et affectueux. Je crois que je le considère aussi un peu comme cela.

J'ai ressorti des anciennes photos sur lesquelles je suis capable maintenant de mettre des dates. J'écris dans un carnet mes interrogations, mes sentiments, mes rêves. Un jour, ma mère m'a dit « je ne comprends pas comment tu fais, tu réalises mes rêves ». Je ne sais pas de quels rêves elle parlait. Mon plus grand rêve était de grandir heureuse quand j'étais petite. Elle m'en a empêché. En grandissant, mes rêves ont mûri au soleil des pays et des terres que j'ai visités. Ma mère n'a voyagé que tardivement grâce à son second mari. « Mais de quels rêves parles-tu Maman ? Moi, j'ai construit mes rêves pour pouvoir partir et fuir tout ce qui me rendait profondément malheureuse et tu en faisais partie ». Depuis la mort de ma grand-mère, il y a comme une place qui se libère et que je pourrais prendre pour me reconstruire. Remettre les barrières là où elles auraient dû être pour me protéger. Je me sens parfois responsable de ne pas avoir coupé les liens avec cette famille plutôt. Quoique fasse ma mère, je me sens blessée. Quoi qu'elle dise, je me sens attaquée. Je ne me sens pas capable de la comprendre. Encore moins de lui pardonner. Elle a manqué à son rôle de mère. Il aurait mieux valu que je ne la connaisse pas, qu'elle ne fasse pas partie de ma vie. Pourtant je n'ai pas réussi à m'éloigner d'elle de façon radicale. C'est comme si, sous couvert de chercher des réponses, je voulais gagner son amour. Qu'espérais-je après toutes ces années ? Ai-je été assez naïve au point de croire qu'elle me demanderait pardon, qu'elle me montrerait à quel point je compte pour elle, autant que ma sœur ? Ai-je été à ce point en manque d'amour pour espérer que celle qui ne m'a jamais protégée pourrait changer et combler en affection tout cet immense vide que je sens parfois en moi ?

DES CORPS PALPITANTS

Je n'ai jamais eu beaucoup de limites. Je peux coucher avec des inconnus tellement facilement. Dans mon milieu, on dit « one shot ». C'est là que j'ai du plaisir parce qu'il n'y a pas de situations compliquées et surtout pas de suivis. Quand j'aime bien mon client, je ne ressens rien. J'ai conscience que je n'ai pas une sexualité normale et que j'ai une addiction au sexe. J'en parle très peu. J'ai l'impression de ne rien ressentir, d'être un automate, d'y aller sans me poser de questions. C'est mon métier finalement mais je trouve cela parfois terrible. Chez moi, le sexe est banalisé, c'est exactement pareil que lorsque j'achète une baguette de pain.

J'ai accepté des pratiques extrêmes comme l'étranglement. J'ai eu des propositions indécentes comme celles de tourner dans des films pornos, faire le tapin. Je les ai refusées. J'ai juste décidé d'être escorte parce que c'est ce qui rapportait le plus d'argent et qui me permettait peut-être de garder plus de dignité car mes clients sont réguliers. Ils n'ont rien à voir avec ce que l'on peut imaginer. Aujourd'hui, ma vision sur les hommes change un peu grâce à ce job. C'est la thérapie la plus rapide que j'ai eue.

J'ai pourtant partagé ma vie avec des hommes qui ne voulaient pas que mon corps. J'ai rencontré Lorenzo en boite de nuit, l'Arc-en-ciel. On avait dansé toute la nuit. Avec lui, j'ai vécu des moments vraiment drôles, il me faisait rire. Nous passions des nuits à discuter, à refaire le monde devant un plat de pâtes. À cette époque, je ne pouvais pas lui parler de tout ce que j'avais vécu mais il se rendait bien compte que je me détruisais au fil du temps. Il a toujours trouvé ma famille bizarre. Il ne l'aimait pas beaucoup. Un jour, il m'a dit « si tu restes ici tu finiras au cimetière à côté de ta tante ». Il avait raison. Quelque temps plus tard, j'ai trouvé une formation d'agent de voyages à faire à Nogent sur Marne.

Lorenzo m'a aidé à quitter Anse. S'il ne m'avait pas aidée, je serais morte. Quand je suis revenue à Anse, nous nous sommes revus. J'ai voulu lui expliquer ce qui m'était arrivée. C'est terrible cette incompréhension entre nous. Je ne sais pas ce qu'il attendait de moi et je n'ai pas osé lui poser la question. Je crois qu'il voulait fonder une famille. Il n'a jamais eu d'enfants alors que moi qui fuyais la maternité, j'en ai eu deux. J'avais tellement changé que plus rien ne fonctionnait entre nous. Je n'étais plus la fille qu'il avait connue. Il ne savait pas que j'étais libertine et que ma vie sexuelle était si débridée. Il ne se doutait pas que je me prostituais pour payer mes factures. Lorenzo a beaucoup compté pour moi. Je me demande parfois quel genre de vie j'aurais mené si j'étais restée avec lui. Une vie certainement rangée, avec une famille, des enfants, des amis, une maison. Je l'ai peut-être privé de tout cela. Je m'en suis peut-être privée aussi.

Il y a eu Olivier. La vie à Paris avec lui était très plaisante. On voyageait, on sortait au restaurant, au théâtre, on faisait des sauts en parachute, dormait dans des relais-châteaux. Nous rendions visite à nos amis. Olivier m'offrait des sorties classes-dans de beaux endroits et j'adorais cela. Un jour, il est arrivé et m'a annoncé que nous partions vivre un an aux États-Unis, en Californie. Nous sommes partis. Pendant cette année, j'ai eu une vie de rêves, de découvertes et d'aventures, mais notre couple est rentré dans une routine. Il n'y avait plus de sorties, plus de repas chez les amis. Il n'y avait plus que nous deux. Lors d'un week-end à Las Vegas, il m'a offert une bague de fiançailles et a fini par me demander en mariage au Bellagio Hotel. Je suis rentrée dans une colère noire et j'ai refusé catégoriquement. Olivier voulait fonder une famille, j'ai également refusé. On a essayé de prolonger le rêve au Canada, mais nos visas expiraient et nous avons dû rentrer en France. Il est parti dans le nord, je suis partie à Lyon.

Quand j'ai rencontré Dany, j'ai senti pour la première fois mon cœur qui battait la chamade et mes jambes qui flageolaient. Je le trouvais beau et élégant dans son costume trois pièces ! Je ne me lassais pas de le regarder. Nous faisions l'amour jusqu'à six fois par nuit pendant toute la durée de notre relation qui a été une véritable alchimie sentimentale et sexuelle. C'est avec Dany que j'ai appris à m'endormir dans les bras d'un homme. C'était difficile au début puis j'y ai pris goût. C'était rassurant. J'ai découvert la tendresse. Nous faisions des sorties libertines également avec un total respect entre nous.

Dany est le seul homme qui m'ait dit je t'aime sans que ça scintille, sans que cela ressemble à une récitation. Un vrai je t'aime. Simple et doux. Avec des fleurs. J'adorais ça. Nos vies et caractères nous ont séparés. Je pense que moi aussi je l'ai aimé. Je suis tombée enceinte. Il ne voulait pas en entendre parler mais ne voulait pas non plus arrêter la relation. Quand notre fils a eu 4 ans, j'ai compris que malgré son désir de famille, il ne parviendrait pas à assumer tout ce que cela impliquait. C'est moi qui ai pris alors la décision d'arrêter la relation.

Aujourd'hui, mes relations avec les hommes ne durent plus. Elles ne sont pas aussi naturelles. J'ai pris l'habitude de vivre seule et d'apprivoiser cette solitude. J'ai l'impression parfois de ne pas aimer les hommes. Je regarde des films d'amour à la télé et je me surprends à rêver de vivre la même chose dans la vie. Je ne sais pas ce qui est le plus important pour moi : le sexe, la carrure, le sentiment d'être protégée, l'humour, le sentiment d'être avec un homme responsable. J'ai envie de voyages avec celui que je n'ai pas encore rencontré. J'ai envie qu'il entre dans mon rêve et m'emmène vivre à l'étranger.

Depuis quelques mois, ce ne sont plus les autres qui me dictent mes limites mais c'est mon corps. L'autre jour, je me suis mise à pleurer. Je ressentais un tel dégoût que je n'ai pas pu continuer. Mes clients réguliers commencent à m'horripiler, je ne les supporte plus et je ne supporte pas davantage les nouveaux clients. Même sous l'emprise de l'alcool, je ne parviens plus à faire semblant, à faire belle posture. Mon corps est fatigué de toutes ces mains, ces sexes, ces bouches, ces mots. Mon corps est fatigué, je ne le reconnais plus et je doute même de sa fiabilité. Il me donne des signes, il est prêt à tout lâcher si je ne le fais pas. Mais, je vais jusqu'au bout de ces limites. Je ne pourrai pas aller au-delà de toute façon. Je sens que je n'en ai plus pour longtemps et que bientôt mon corps ne me laissera plus le choix. Mon corps redevient humain et vrai. Il va falloir que j'envisage les choses autrement. Je vais finir par devenir monogame ; j'en rigole tellement cette idée me parait éloignée de ce que je savais de moi.

J'ai parlé à Chris. Je lui ai dit que je voulais arrêter mon travail parce que je n'y arrivais plus. Et que j'avais envie de mieux le connaître, de passer des vrais temps avec lui. Il m'a dit que c'était ma décision, qu'il ne quitterait jamais sa femme. Ses réactions me déstabilisent souvent. Il parle de moi et de nous au futur. Chris me fait découvrir autre chose de la relation. Il a plein d'idées et de créativité. Il aime ce qui est beau, il dit souvent « c'est un bel homme ou c'est une belle femme ». Il emploie des mots différents des miens. Il a un rythme de vie que je n'ai jamais eu. Il a des amis, une famille, une posture, un style vestimentaire très classique. Il n'est pas libertin. Je suis son opposé. J'incarne la liberté et l'indépendance. Cet homme représente ce que je ne suis pas mais je pense qu'il m'attire justement pour cela. Je me demande ce qu'il peut bien me trouver. Nous sommes très proches malgré nos différences criantes. Parfois, j'ai cette impression forte que cet homme me comprend.

Je me rends compte combien mon rapport au sexe et au libertinage est lié à mon mal-être. Le sexe faisait partie de mon quotidien et de ma normalité. Chris me met en face de tout cela, de mon manque de limites auxquelles je me cogne maintenant. Je les vois, je n'essaie pas de les franchir mais au contraire je m'en éloigne de plus en plus. C'est pour ça que j'ai pleuré l'autre jour, je me rends bien compte que je ne peux plus franchir les limites, je n'en suis plus capable et surtout je n'en ai plus envie. J'ai l'impression d'être un bébé, de renaître, de redécouvrir le monde, les hommes, mon corps. De devenir une autre sans savoir comment aller à sa rencontre.

DES ENVIES ET DES ACTES

Eric ne va pas bien depuis quelques semaines. Il ne voulait plus aller à l'école. Il est resté plusieurs jours à la maison. Je l'ai forcé à y retourner et je l'ai emmené chez la psychologue. Il a pu parler et dire qu'il était harcelé par une fille de sa classe. Mina a 11 ans, elle a un comportement sexuel avancé à son encontre qui se traduit par des gestes et des propos à caractère sexuel. Il en est déstabilisé et préfère ne pas être à l'école car il ne sait pas comment réagir. Il se sent harcelé car elle ne le lâche pas. Je suis allée voir sa maitresse mais je me suis heurtée au discours de l'enfant en âge de la découverte de son corps. « Ils en sont tous là vous savez », voilà ce qu'elle m'a répondu. Je lui aurais bien mis une claque et hurlé : « Mais vous ne vous rendez pas compte ! » Ils ont fini par prendre des mesures de séparation et veiller à ce que Mina ne soit pas en contact avec Eric. Cette histoire m'a remplie de colère contre ce système qui ferme les yeux. On parle dans les médias de la maltraitance des enfants. Cependant, lorsqu'il s'agit de signalements, de prendre les décisions, on se cache derrière des poncifs « il ne faut pas dramatiser », « c'est de leur âge ». Cette maltraitance entre enfants n'est pas reconnue. Mais ce qui me remue aussi dans cette histoire, c'est mon fils qui se sent harcelé comme moi je l'ai été. Un sentiment de doute sur la mère que je suis ne peut que refaire surface et un sentiment de répétition et de fatalité revient forcément habiter ma tête. Et puis je vais encore plus loin, cette petite Mina, que vit-elle pour avoir ce comportement anormal ? Moi aussi quand j'ai été plus jeune, j'ai eu des comportements étranges comme attacher ma sœur. Personne ne s'en est vraiment soucié. Qui se soucie de Mina ? Est-il nécessaire de faire des expertises psychiatriques, médicales, des enquêtes sociales et toute la machine hurlante pour stopper le processus ?

Je me sens vide. Comme si en allant mieux, ma tête se vidait de tout ce qui l'a alourdie pendant quarante ans. Je me dis que c'est sans doute mieux comme ça, le vide laisse la place à autre chose. Comme ma grand-mère qui n'est plus.

Mon combat maintenant est de ne plus avoir peur du monde extérieur. C'est ma plus grande peur. Le monde auquel je croyais quand j'étais petite ne m'a causé que déception et effroi. Alors je m'en suis extraite par le travail, les voyages, l'alcool et le sexe. Et voilà que j'y reviens par la petite porte, comme une petite fille. Pour le moment, ma fenêtre ne s'ouvre que sur les voyages et sur quelque chose qui ressemble à l'amour. Quand je voyage, je suis dans le présent. Les voyages consolident ma vie difficile, ils m'aident beaucoup à relativiser. Côtoyer des gens qui voyagent, c'est une ouverture sur le monde.

Je reviens de Martinique. Pour la première fois, il m'a semblé que j'étais plus détendue dans mes relations avec les hommes. J'ai croisé des marchands, des chauffeurs de taxi, des hommes tout à fait normaux mais dont je me méfie toujours en temps normal alors que je sais bien qu'il n'y a pas de risque mais c'est plus fort que moi. En Martinique, j'ai pu répondre, discuter sans me demander ce qui allait se passer. Cela est nouveau pour moi. Je n'ai pas eu peur de rentrer en contact avec des hommes. Je n'étais pas sur mes gardes. C'est important, cela m'a donné une autre image de moi. Lorsque je suis allée au Brésil avec mes enfants, à Brasilia, nous nous sommes perdus et mon fils me disait de demander notre route aux passants. Il ne comprenait pas pourquoi je m'obstinais à chercher un lieu sans demander de l'aide.

Je pense à Chris. Souvent. Penser à lui me rend heureuse. Serait-ce une forme d'amour ? Je n'aurais jamais pensé que l'amour pouvait me guérir.
J'ai une amie qui a rencontré l'amour. Elle est restée 18 ans avec un homme qu'elle a aimé profondément. Elle a été violée étant petite. Elle a pu s'en sortir parce qu'elle a été protégée par

un entourage bienveillant notamment son futur mari. C'est forcément ce qui m'a manqué pour me reconstruire ; un entourage qui m'écoute, réagit et me protège.

J'ai hérité de mon histoire ma détermination mais aussi cette forme rebelle que j'ai et qui fait ma singularité quand elle ne se retourne pas contre moi comme un bouclier contre l'amour. Quand j'ai un rêve, j'y arrive. C'est un entêtement. Un jour, j'aurais ma maison que je désire tant.

Dans mes rêves, je m'envoie des cartes postales d'un futur qui serait le mien.

Aujourd'hui, je t'écris de l'endroit que j'ai réussi à acquérir et à développer depuis quelques années. J'ai acheté ce terrain magnifique au bord de la plage de mes rêves. Le sable est très blanc et l'eau d'un bleu turquoise étincelant. Le matin quand je me lève, je vois cette eau briller. Parfois quand le soleil chauffe fort l'après-midi, j'ai du mal à voir la limite entre l'eau et le sable. Tout se mélange dans un calme sidéral. Sur mon terrain, avec l'aide de mon homme, nous avons fait construire une bâtisse principale avec une terrasse à l'étage où nous pouvons prendre le petit-déjeuner en regardant ce paysage dont je ne me lasse pas. La maison est un mélange de bois et de verre. Au rez-dechaussée, nous avons aménagé quatre chambres doubles avec salle de bain et coin cuisine. Dans notre chambre, il y a une salle de bain avec deux vasques pour le lavabo, une douche et une baignoire. Une grande pièce accueille ma cuisine américaine avec un plateau qui fait office de table. De l'autre côté se trouve un vaste salon avec une télé grand écran. Chaque enfant a sa chambre. Nous avons chacun notre bureau. Je passe beaucoup de temps dans le mien. C'est mon espace intime. Je m'y sens bien. De nombreuses baies vitrées encadrent la cuisine. Les portes et les fenêtres sont souvent ouvertes. Cela fait renter la chaleur du soleil et les courants d'air aussi. Quand il fait trop chaud, les climatiseurs 100 % écologiques prennent le relai. À droite de notre maison, nous avons construit sur une terrasse couverte, une cuisine ouverte. Ainsi, nos hôtes

*peuvent venir se préparer à manger et faire connaissance.
Devant la maison, il y a une piscine encastrée dans la terre.
Le bois de l'encadrement vient du Canada. La maison, la cuisine indépendante et la piscine se fondent au milieu des pal-
miers. Nous avons attaché des hamacs pour les touristes. En
direction de la plage, nous avons aménagé quatre petits chalets avec baies vitrées sur toute une façade face à la mer. La
douche est à l'extérieur mais à l'abri des regards, comme ce
que j'avais vu à Madagascar. Il n'y a pas de plafond et se dou-
cher dehors fait rêver les touristes. Des lumières sont instal-
lées pour le soir près des chalets qui longent le tour de la piscine jusqu'à la maison en passant par la cuisine extérieure.
Les voyageurs suivent les lumières pour s'orienter. Ils dinent
sous les étoiles et se prélassent dans la piscine. Il y a une partie circulaire qui sert de jacuzzi. L'eau y est très chaude et les
bulles dansent au rythme des musiques. Nous avons défriché
un chemin qui va droit vers la plage. Nous y avons installé des
transats, des hamacs et des parasols. Dans la journée, la chaleur bat son plein. Les enfants adorent regarder barboter les
poissons dans l'eau cristalline ou suivre les crabes qui essaient
de se cacher dans les roches. Ils plongent avec masque et tuba.
Nous utilisons les bateaux à moteur pour nous ravitailler sur
la côte. Ce que j'aime le plus, c'est entendre rire tout le monde.
Ce havre de paix nous réjouit vraiment et nous conforte d'avoir
fait le bon choix de tout quitter pour réaliser notre rêve. Les
enfants sont parents maintenant. De temps en temps, je m'oc-
cupe de mes petits-enfants. Je prends du temps avec eux. Je
les vois grandir. Nous avons des animaux. Shubaka est mon
cocker adoré. Nous avons recueilli deux autres chiens ; un
bouledogue et un golden retriever qui mènent la belle vie avec
Filou, Tigri et Tigrou, les trois chats de la maison. Je ne pensais pas que la vie puisse être aussi belle. Ne plus être toute
seule et décider de partager ma vie fut la décision la plus difficile à prendre. Je ne le regrette pas, bien au contraire. Je me
rends compte que de partager ce rêve avec quelqu'un contri-
bue au bonheur. Je me lève tous les matins avec le sourire et*

avec hâte de commencer ma journée. Il y a les réservations à
gérer, nettoyer les chambres, faire les courses, aller prendre le
café au village, trainer sur la plage, admirer le coucher de so-
leil, se prélasser dans le hamac, réfléchir à des idées de déve-
loppement. Ma récompense : les commentaires des visiteurs.
Être heureux grâce à des choses pourtant si simples. Alors je
me dis que j'ai enfin réalisé mon rêve, que tout ce travail sur
moi, sur ma guérison, sur ma résurrection n'aura pas été vain.
Je me sens connectée à une vie vraie, simple, souriante. Je
transmets à ceux que j'aime ce sentiment d'accomplissement.
Je suis enfin moi-même. J'ai réussi. C'est au-dessus de tous
mes rêves.
Savannah

Aujourd'hui, j'ai fait un soin énergétique. Je continue à soigner mon état intérieur pour lever mes blocages et pour repartir sur le plan professionnel qui commence à me manquer. J'ai envie et j'ai plein de choses à faire mais pour l'instant, je ne suis dynamique que dans ma tête. Hier, j'ai discuté avec une de mes amies à qui tout semble facile. Elle a fini par me perdre dans mon projet et j'ai douté. J'ai toujours cette peur du monde extérieur qui m'empêche d'avancer.

Je parle beaucoup moins à ma mère. L'autre jour, c'était l'anniversaire d'Eric. Elle a appelé complétement par hasard et c'est en discutant avec mon fils qu'elle s'est rendu compte de son oubli. Elle s'est excusée mais le mal était fait une fois de plus. L'oubli de ma mère pourrait être anecdotique, lié à son âge, à la perte récente de sa mère mais je sais au fond de moi qu'il n'en est rien. Elle a oublié parce que ce n'est pas important pour elle. Cela ne fait que me conforter dans la conviction que cette femme ne m'a jamais aimée, qu'elle n'a pas plus aimé mes enfants. Elle en est incapable. Maintenant que mes grands-parents sont morts, ma mère a le pouvoir de faire éclater tous ces lourds secrets. Elle pourrait parler. Briser ce silence transgénérationnel qui éloigne les membres de la famille les uns des autres. Les choses ne changent pas. Elle vieillit mal. Elle deviendra aigrie comme sa mère. Pilier de mensonges, d'illusions et d'hypocrisie, elle n'échappera pas à la règle familiale. C'est vraiment une pauvre femme. À vouloir rester figée sur ses acquis, elle est sans doute passée à côté de belles choses qui aurait pu lui apporter une vie bien différente. Parfois, je me sens prête à la faire sortir de ma vie, parfois non. Souvent quand je me sens mieux, je m'adoucis vis-à-vis d'elle et à chaque fois, je tombe dans son piège. Elle ne rate jamais une occasion de me blesser. Je devrais le savoir. Je sens pour la première fois que je m'éloigne d'elle.

La relation avec ma sœur ne s'améliore pas davantage. Je n'ai pas vraiment envie que les choses s'arrangent. Le déni enterre la vérité et le désir de paix.

Chez nous, ce qui fait famille est totalement disloqué.

Je me sens souvent perdue entre le réel et le surréalisme. Écrire ce livre c'est comme si cela venait effacer les souvenirs. Depuis que j'écris, cela tourne moins en boucle dans ma tête. Ce qui change c'est que j'ai envie de passer à l'action. Il y a quelque chose qui change en moi, je sens un petit mouvement, c'est imperceptible mais c'est là, ça bouge, ça vit.

En écrivant mon histoire, je me rends compte comme la construction de mon récit est identique à celle de ma mémoire et de ce que j'ai vécu. Je devrais dire déconstruction comme le désordre. Les choses pourtant reprennent leur place petit à petit. Au fur et à mesure que j'écris, je me sens mieux et je sens que j'arrive à la fin de ce que je voulais et je pouvais dire, je commence à remettre un peu d'ordre dans le chaos.

Les faits, les sentiments, les projets, les envies se réécrivent au fil des lignes.

Avant ce qui remplissait mon quotidien, c'était mon histoire. Dans les moments où je ne faisais rien, je ne pouvais penser à rien d'autre. Maintenant j'ai le sentiment que ma vie se nourrit de petits riens, d'attentions aux autres, de désirs et de rêves.

Au fur et à mesure que j'avance, il y a un grand vide dans ma tête mais c'est tellement plus calme et moins fatiguant. Quelques-unes de mes angoisses ont disparu. Je ne suis plus dans la peur du kidnapping de mes enfants, des agressions vis-à-vis d'eux. Je reste raisonnablement sensible et vigilante. Je me lève à une heure décente, je ne reste plus prostrée dans mon lit à m'abrutir de films, je passe à l'action pour améliorer mon quotidien. Ce n'est pas encore parfait mais j'agis différemment. Je travaille beaucoup la pensée positive.

Je relis difficilement ce que j'écris. C'est bizarre. Plus on avance et plus j'appréhende. On va me lire, mon histoire sera sue y compris par des gens que je ne connais pas. Ces mêmes gens vont peut-être me juger, me plaindre, ne pas me croire. Suis-je vraiment prête ? Ce livre représente pourtant ma sortie de l'ombre, ma renaissance après être restée invisible tant d'années.

Mon petit cœur en a sacrément bavé. La seule personne qui m'a montré de l'affection dans mon enfance est Charly, mon ange. C'est vrai que je lui en ai parfois, et longtemps, voulu de m'avoir ressuscitée. C'est tellement difficile de se reconstruire. Il faut une vie pour remonter une telle pente.

Je suis encore seule. Je me gère seule sans plus rien demander à personne. Je ne suis plus sûre de ce que je veux. Je suis toujours sur ce pont à mi-chemin ; s'engager ou rebrousser chemin. Je ne sais pas. En ce moment, dans ma vie tout est irréel. Parfois je me demande si je ne suis pas carrément déconnectée entre Charly et la télépathie avec Chris.

Je n'arrive plus du tout à coucher avec tous ces mecs. Je n'ai plus envie de papillonner d'un mec à l'autre, de ne rechercher que le plaisir sexuel. Tous ces hommes m'agacent, ceux qui se disent romantiques, ceux qui se croient courtois, ceux qui aiment les femmes, ceux qui n'aiment plus leur femme, ceux qui se croient libres et libertins, ceux qui me prennent pour un corps sans tête et sans cœur, ceux qui prennent mon lit pour un confessionnal. Je finis par faire du vaginisme réactionnel. Mon intérieur ressent une douleur omniprésente que je n'arrive pas à enlever ni à contrôler.

Je fuis la vie à deux mais cette question m'obsède. Je repense aux modèles de couples dans ma vie. Mes parents, Florence, mes grands-parents. Personne n'est ressorti grandi de ces histoires où le mal ou la maladie ont été la forme de langage commun. Dans ma famille, on porte des masques depuis toujours. C'est beaucoup plus simple de faire semblant que tout va pour le mieux. Ma famille est passée maitre dans l'art du camouflage des responsabilités et des affrontements.

J'ai fait une séance chez la psy avec un poupon en plastique. Je crois que c'est à ce moment précis que ma dissociation a disparu. Je me pose des questions que je ne me posais pas avant. J'ai aussi compris que les gens font l'amour quand ils ont des sentiments ou une forte attirance l'un pour l'autre. C'est ce qui leur permet de passer à l'acte. Moi, ce n'était pas dans mes habitudes. Tout arrive tard dans ma vie. C'est comme si je naissais une deuxième fois. Je suis ce poupon. Il aura fallu attendre que j'aie 50 ans pour y arriver. « Tout ce temps est à la hauteur du traumatisme » m'ont expliqué les médecins. Que d'années, que d'années perdues. D'un côté, je suis fière de ce que je suis devenue, d'un autre côté, quand je vois tout le temps que cela a pris, cela me désole. Je me rapproche de plus en plus de la vie que je souhaiterais. J'entrevois le bout du tunnel et le résultat de toutes ces années de travail sur moi pour comprendre, intégrer, digérer mon enfance et le comportement de ma famille. D'autre fois, je dois déployer tant d'énergie pour y arriver que je suis complètement démoralisée et j'ai envie de renoncer.

La peur d'aimer et d'être aimée me taraude. Je ne sais pas comment on fait. Je n'ai pas appris. Ce n'est donc pas dans ma nature humaine. L'amour à mes yeux est synonyme de prison, d'enfermement, de séquestration. Je pensais comme cela aussi pour l'achat d'un appartement. Je refusais d'investir car j'avais ce sentiment d'être aliénée et de devoir être attachée à un endroit pour le reste de ma vie. Au fil des années, j'ai compris qu'être propriétaire était un investissement sur l'avenir, une garantie de solidité, un bouclier contre l'effondrement. Pour l'amour, c'est pareil.

Ma rencontre avec Chris a été très importante et m'a fait réfléchir. Je ne le vois plus en ce moment. Je ne regrette rien de notre rencontre. C'est le seul homme qui m'a donné envie de réfléchir sur mes blocages et d'essayer d'avancer. Je ne sais pas pourquoi lui mais en tout cas cela fonctionne. Parfois je me dis qu'il est un accident de parcours. Je reste avec lui dans mes pensées. Je sais quand il pense à moi. Je sais quand il rêve de moi. Je le sens et peut-être que cette vie évanescente avec lui me suffit.

J'ai pris une grande décision. Je ne verrai plus ma mère. L'autre jour pour mon anniversaire, elle a voulu m'offrir un ordinateur. J'ai refusé. Je ne veux rien d'elle. Une machine ne remplacera ni l'amour ni les questions. Une machine ne cicatrisera pas les blessures. Vexée, elle a rétorqué qu'elle avait ouvert un contrat d'assurance-vie au seul bénéfice de ma sœur. Je ne veux rien d'elle mais je ne veux pas non plus de ses humiliations et de sa méchanceté.
« Bien visé, Mère ! Tu m'as fait très mal en me disant cela. Mais, je te le jure, c'était ta dernière partie. Je ne te demande rien, je décide seulement que tu sors de ma vie. »

Je décide à compter de ce jour que je n'ai plus de mère. En ai-je seulement eu une un jour ?

LES VIEILLES HERBES ARRACHÉES

Après les dernières vacances, je suis allée chercher mes fils chez elle. En partant, elle m'a demandée de la tenir au courant de notre grand projet de voyage. J'ai bafouillé pour lui dire : « Il faut que je te parle ». Je lui ai dit que je ne voulais plus la voir, que mon livre allait paraitre et que c'était fini. Je lui ai dit qu'elle pourrait continuer à voir mes enfants mais cela ne passerait plus par moi. Je lui ai dit comme elle m'avait blessée en parlant du contrat d'assurance-vie qu'elle a attribué à ma sœur. Elle a commencé à se justifier mais je n'avais plus envie d'écouter ses idioties et ses mensonges. Elle m'a dit qu'elle comprenait et que son souhait était que je sois heureuse. Je suis repartie avec mes enfants. Sur la route, j'ai culpabilisé pendant plusieurs kilomètres et au fur à mesure, j'ai commencé à ressentir une certaine joie. Pour la première fois, il me semblait m'affranchir totalement et définitivement de l'emprise de ma mère.

Je dois maintenant m'occuper de mon corps. Cette prise de poids n'a vraiment plus de sens. Je me rends compte également à quel point ce véhicule qui est mon corps ne comptait plus. J'ai toujours été au-delà des limites. Jamais je ne tiens compte de mes douleurs. Rien ne peut m'arrêter. Lorsque j'étais enceinte de 6 mois, j'ai monté seule le futur lit de mon fils, et ce, malgré les douleurs dans mon ventre. Pendant mes deux grossesses, dans mon travail, on me voyait avec mon gros ventre, mais je n'ai jamais baissé mon rythme.

À l'époque, je trouvais que s'écouter était s'apitoyer sur son sort. Mon corps est mort depuis de nombreuses années. Je pense qu'il commence tout juste à se réveiller. Parfois mon corps réveille les anciennes douleurs des agressions, je vois des images.

Dans mon parcours de guérison, aucune étape n'est facile. On pourrait croire qu'après autant d'années que les ressentis diminuent, bien au contraire. La prise de conscience de toutes ces années gâchées fait mal. C'est comme si j'étais morte tout en continuant d'exister. C'était mon masque. L'impact de mon passé sur la vie de mes enfants reste important et sur l'amour aussi. Personne ne peut imaginer à quel point c'est difficile de reconstruire une vie. Le chemin que j'ai dû prendre a été long et fastidieux. J'ai dû traverser toutes sortes d'épreuves. J'aurais pu mourir des dizaines de fois, je n'ai pas choisi cette option, à moins que ce soit la vie qui n'a pas voulu répondre à ma demande. J'aurais pu sombrer dans l'alcool, dans la drogue, atterrir chez les fous. J'aurais pu être la reine du porno. J'aurais pu ne jamais avoir d'enfant mais la vie en a fait autrement. J'aurais pu ne jamais voyager. J'ai gardé cette force et ce courage qui m'ont permis de presque tout surmonter pour approcher mes rêves.

J'ai décidé de rester dans mon mobile-home puisque mes demandes de logement n'aboutissent pas. J'ai acheté des nouveaux meubles pour les chambres de mes enfants. J'ai jeté beaucoup de choses. J'ai mis mon appartement en vente en attendant la procédure de saisie. Je n'ai aucun état d'âme à m'en séparer car il me rattache à cette ville que je déteste. J'ai retrouvé de vielles photos de mes enfants et aussi de ma famille. Je n'ai conservé que celles de mes deux garçons. J'ai retrouvé un vieil ordinateur. Je repars en voyage en retrouvant mes photos d'anciens périples. C'est fou comme on peut oublier avec le temps mais les choses matérielles s'oublient plus facilement que les souvenirs quand elles ne sont plus sous nos yeux. Mes amies m'aident à ranger. Je crois que c'est la première fois que l'on me propose de l'aide. Je ne peux que constater que c'est plus agréable et facile. Je me sens plus courageuse. Quand je vois tous ces cartons que j'empile et que je jette, c'est un peu comme un enterrement joyeux. Mes enfants ont choisi eux-mêmes leurs meubles. Je suis heureuse de pouvoir leur offrir le changement. J'ai choisi moi aussi un nouveau lit et j'ai pris un lit deux places. Je dormais dans un petit lit depuis plusieurs années comme si je n'attendais plus personne.

Ma plus grande joie dans ce renouveau, c'est le jardin que j'avais laissé à l'abandon. Nous avons taillé les arbustes, enlevé les feuilles mortes qui s'amoncelaient au fil des saisons. Je découvre des petites fleurs, de nouveaux arbres qui poussent alors que je n'ai rien planté. Je ne m'étais pas rendu compte à quel point les pins qui ornent le jardin avaient grandi. Ils s'élancent vers le ciel et semblent vouloir nous protéger. L'herbe sans ses vielles ronces est devenue accueillante. C'est comme si je prenais racine. Je veux être entourée d'animaux car ils ne connaissent pas la perversité et sont d'une loyauté infaillible.

Mes enfants chantent, ils rient plus qu'avant. Ils ne restent plus des heures, affalés dans leur lit devant les écrans. Ils font leurs devoirs sur leurs nouveaux bureaux. Ils ont l'air heureux et me disent qu'ils veulent rester dans le bungalow et nulle part ailleurs. J'ai acheté une vraie table pour que nous puissions prendre nos repas tous les trois mais c'est la seule chose qui ne s'instaure pas dans notre renouveau. Les repas de famille restent gravés chez moi comme des instants de mensonges et de secrets. Je ne leur ai jamais accordé aucune importance. J'aimerais que cela change avec cette nouvelle table. J'aimerais qu'elle nous accueille autour de repas avec des vraies discussions, des questions, des réponses, des rires, des tristesses, des souvenirs, des projets. De la force, de la complicité, de la confiance et tellement d'amour.

Je ne pensais pas que nettoyer et rénover m'aiderait à ce point à me faire du bien et à me donner l'espoir d'une vie nouvelle à offrir à mes enfants.

Je regarde mon mobile-home, il ressemble à une maisonnette avec sa petite famille à l'intérieur. La honte que je ressentais de vivre dans cet endroit est partie avec toutes les vieilles choses dont je me suis enfin débarrassée.

Je trouve que c'est beau. C'est beau, c'est un mot que je n'avais jamais dit, ni ressenti depuis longtemps.

Il est grand temps de ranger ce passé. J'ai pardonné à ma tante. Je n'aurais peut-être pas mieux fait qu'elle. Pardonner au reste de ma famille reste impossible. Pour mon bien-être, je vais continuer à essayer de comprendre en bossant sur le transgénérationnel. Peut-être que cela m'apportera un scénario qui me permettra d'être définitivement en paix avec mon histoire pour ne plus ressentir ces sentiments de rejet, d'abandon et d'injustice.

La thérapie m'a permis de me reconnecter à mon moi enfant. J'ai moins peur d'assumer ce lourd fardeau historique. Je devais déjà avoir en moi le courage et la détermination. Je commence enfin à relever la tête et à être fière de ma personne. Je suis devenue plus raisonnable et apaisée, je me rapproche de ce que je veux. J'apprends de plus en plus à me respecter.

Il me reste à apprendre l'amour. J'espère l'avoir transmis à mes fils sans l'avoir connu. Ils s'affirment et semblent savoir où ils vont.

Chris m'a rappelée. Je revois ses yeux. Il représente l'idéal, l'homme dans les bras duquel je voudrais peut-être m'endormir dans mon nouveau lit. Il m'a beaucoup appris. Il m'a emmenée avec lui dans ses rêves de voyages et a partagé les miens. Je dois l'oublier car la réalité est qu'il vit avec sa femme et toute la vie d'homme d'affaires brillante qu'il a construite paraît lié aussi à ce mariage. Je suis sereine et heureuse quand je pense et parle de lui. Où que j'aille, j'ai l'impression que sa présence m'accompagne. Ma relation avec lui évolue positivement, se bâtit sur la simplicité et la confiance et finalement me convient. Je suis comme un petit animal que l'on aurait apprivoisé. Il me tend la main et la douceur de sa présence montre aussi à quel point il s'attache à moi et trouve, lui aussi, son refuge dans ces instants qui nous appartiennent, nous ramènent au souffle vital et nous font oublier, l'un et l'autre, nos blessures de guerre et les mauvais choix.

Je pensais apprendre l'amour dans des tutoriels. J'ai appris que je devais m'aimer avant d'aimer. Je continue à travailler sur moi, comme on dit. Je reconstruis les fondations.

Il me reste à apprendre à m'aimer pour tout surmonter, pour tout atteindre. Je suis consciente de tout ce que l'on m'a enlevé et qui ne reviendra pas.

Je suis aussi consciente de mes valeurs.

Je continue à réaliser mes rêves.

Je m'accroche. Je me libère et j'écris au futur.

Dans cinq ans, je serai dans ma maison au bord d'une plage à l'étranger.

Je serai en paix.

En approchant de la fin de la rédaction de ce livre, je suis passée par toutes les étapes : la peur, le doute, le dégoût et la tristesse, l'incompréhension et la sensation d'avoir perdu tellement d'années. Cette incompréhension demeure et persiste. Trouver les mots, retrouver la mémoire demeurent un exercice difficile mais nécessaire.

Les personnages de cette histoire ont bel et bien existé, j'ai changé leurs identités. Malgré l'envie de révéler celle de mon agresseur, j'ai dû changer son nom. J'aurais aimé aussi révéler le nom de ma tante Florence, pour lui rendre hommage.

Ce n'est que lorsque j'ai apporté les dernières modifications au manuscrit que j'ai pu enfin ressentir un souffle de légèreté ou quelque chose qui ressemble à un sentiment de libération, à l'impression d'un fardeau qui glisse et qui s'en va.

Je suis fière de ce que j'ai accompli. Je me sens soulagée de me sentir vivante, entière et existante.

Quand j'ai commencé à écrire, je m'appuyais sur une mémoire trouée de survivante, une mémoire bancale comme une chaise branlante. J'ai écrit à partir de reviviscences mais au fil des lignes, c'est comme un puzzle qui se remettait en place et je retrouvais un certain ordre dans cette diffraction.

J'étais malade, je me sens à présent comme une revenante d'un pays lointain où les arbres ne poussaient plus, où la lumière ne filtrait plus et l'ombre engloutissait tout espoir. Je touche enfin la guérison de près.

Puisse mon livre donner à celles et ceux qui ont connu l'enfance brisée par la violence sexuelle le courage de s'exprimer. Par-dessus tout, j'espère leur avoir transmis l'envie de se relever ou, tout du moins, garder foi dans le possible changement.

REMERCIEMENTS

À Isabelle qui m'a soutenue dans ma démarche et qui m'a permis d'aller jusqu'au bout dans l'écriture de ce livre.

À Marielle qui me donne de son temps, qui me revigore quand j'ai des baisses de moral avec sa vision de la vie et son expérience.

Aux bénévoles de la Maison d'Ella de Bordeaux qui nous soignent de façon inconditionnelle, sans jugement.

À Véronique, ma psychologue spécialisée en Intégration des Cycles de Vie qui a permis, par cette thérapie, de stopper les effets de la dissociation post traumatique.

EIN HERZ FÜR AUTOREN A HEART FOR AUTHORS À L'ÉCOUTE DES AUTEURS MIA ΚΑΡΔΙΑ ΓΙΑ ΣΥΓΓΡΑ
HJÄRTA FÖR FÖRFATTARE UN CORAZÓN POR LOS AUTORES YAZARLARIMIZA GÖNÜL VERELIM SZÍV
CUORE PER AUTORI ET HJERTE FOR FORFATTERE EEN HART VOOR SCHRIJVERS TEMOS OS AUTOR
SZERZŐINKÉRT SERCE DLA AUTORÓW EIN HERZ FÜR AUTOREN A HEART FOR AUTHORS À L'ÉCOUTI
CORAÇÃO ВСЕЙ ДУШОЙ К АВТОРАМ ETT HJÄRTA FÖR FÖRFATTARE Á LA ESCUCHA DE LOS AUTORI
AUTEURS MIA ΚΑΡΔΙΑ ΓΙΑ ΣΥΓΓΡΑΦΕΙΣ UN CUORE PER AUTORI ET HJERTE FOR FORFATTERE EEN HA
YAZARLARIMIZA GÖNÜL VERELIM SZÍVKET SZERZŐINKÉRT SERCE DLA AUTORÓW EIN HERZ FÜR ,
SCHRIJVERS TEMOS OS AUTORES NO CORAÇÃO ВСЕЙ ДУШОЙ К АВТОРАМ ETT HJÄRTA FÖR

L'autrice

Savannah Flores est née en 1971 dans une petite
ville de la région Rhône-Alpes. Elle a grandi dans
un milieu modeste et apparemment sans histoire.
C'est précisément dans cette famille qu'elle sera
complètement brisée. À 17 ans, elle se passionne
pour les voyages, son seul remède à un réel
chaotique. Elle sillonne le monde avec son appareil
photo. Sept ans plus tard, elle quittera sa région
et travaillera à Paris dans le tourisme. Elle mettra
au monde ses deux fils. C'est en Gironde qu'elle
finit par poser ses valises, près du majestueux
bassin d'Arcachon. C'est dans ce lieu qu'elle va
se reconstruire. Elle rencontre l'écriture qui va lui
permettre de briser les silences, de retrouver la
mémoire et de rompre avec ce qu'elle pensait être
une malédiction. Aujourd'hui, Savannah Flores a
de nouveaux rêves. Elle est encore hantée par de
sinistres flashs mais elle chemine singulièrement
vers la certitude d'un apaisement.

La maison d'édition

Qui arrête de progresser, arrête d'être bon!

En se basant sur notre slogan, c'est notre désir de trouver de nouveaux manuscrits et de les faire publier. Depuis plusieurs décennies déjà, nous avons donné nos cœurs aux livres et nous nous engageons pour chacun de nos auteurs et chaque livre personnellement.

Nous faisons pour chaque manuscrit une relecture en quelques semaines. La relecture est gratuite et sans engagement.

Pour plus d'informations sur notre maison d'édition et nos livres, reportez-vous à notre site:

w w w . n o v u m p u b l i s h i n g . f r